区域产业与生态文明系列丛书

生态文明建设九江实践

汤 明 著

中国财经出版传媒集团
经济科学出版社
Economic Science Press

图书在版编目（CIP）数据

生态文明建设九江实践/汤明著.—北京：经济科学出版社，2017.12
ISBN 978-7-5141-8883-7

Ⅰ.①生… Ⅱ.①汤… Ⅲ.①生态环境建设-研究-九江 Ⅳ.①X321.256.3

中国版本图书馆CIP数据核字（2017）第321909号

责任编辑：刘 莎 李 雪
责任校对：王苗苗
责任印制：邱 天

生态文明建设九江实践

汤 明 著

经济科学出版社出版、发行 新华书店经销
社址：北京市海淀区阜成路甲28号 邮编：100142
总编部电话：010-88191217 发行部电话：010-88191522
网址：www.esp.com.cn
电子邮件：esp@esp.com.cn
天猫网店：经济科学出版社旗舰店
网址：http://jjkxcbs.tmall.com
北京财经印刷厂印装
710×1000 16开 12.5印张 200000字
2017年12月第1版 2017年12月第1次印刷
ISBN 978-7-5141-8883-7 定价：45.00元
（图书出现印装问题，本社负责调换。电话：010-88191510）
（版权所有 侵权必究 举报电话：010-88191586
电子邮箱：dbts@esp.com.cn）

区域产业与生态文明系列丛书

总策划：陶春元

生态文明建设九江实践研究团队

负责人：汤　明

成　员：张小谷　李　华　尹　科　魏伟新
　　　　陈乐君　刘文华　程鹏飞　谢帧帧
　　　　李　也

序 一

生态文明建设是新时代中国特色社会主义事业的重要内容，是关系到人民福祉和民族未来的大计。我国已经进入了生态文明建设和经济建设同步推进的历史新阶段。大力推进生态文明建设就是要树立尊重自然、顺应自然、保护自然的生态文明理念，把生态文明建设放在突出地位，融入到经济建设、政治建设、文化建设、社会建设各方面和全过程。生态文明建设涉及到生产和生活方式、文化价值取向、社会结构等经济社会发展的方方面面，尤其是要注重具有生态文明导向的顶层制度设计。党的十九大报告中就提出要加快生态文明体制改革的要求。

习近平总书记强调，绿色生态是江西最大财富、最大优势、最大品牌，一定要保护好，做好治山理水、显山露水的文章，走出一条经济发展和生态文明水平提高相辅相成、相得益彰的路子，打造美丽中国"江西样板"。2016年8月，江西和福建、贵州等三个省份一起被列入首批国家生态文明试验区，肩负先行先试，探索生态文明制度体系和绿色发展路径的重要责任。

九江是沪、汉两大经济区的交接点，赣、鄂、湘、皖四省结合部，是长江中游城市群重要节点城市，也是江西承接产业转移和对外开放的前沿阵地。近年来，九江经济总量增长迅猛，主要经济指标稳居全省前三。无论是经济发展格局，还是地理区位特征，九江生态文明建设都是"江西样板"的重点板块。

九江学院"生态文明建设九江实践"研究团队通过大量的实践调研和文献分析及问卷调查，立足生态文明建设与发展背景，分析九江开展生态文明建设面临的挑战；对九江生态文明建设从不同角度进行了定性和定量分析，提出了九江生态文明及经济生态化、城镇生态化的评价指标体系，并对2010~2015年九江生态文明建设情况进行了评价。研究思路科学清晰，逻辑框架缜密，研究方法实用可行。

尤其值得一提的是，课题组在大量基础性研究分析后，还从全域生态产业化、工业生态化路径、立体化畜禽养殖模式、稻田高效立体化种养模式等方面进行了生态文明建设的典型案例分析；系统总结了九江生态文明建设实践的主要经验及存在的主要问题，并从生态文化养成教育、区域产业生态化、重新认识"靠山吃山"、建立生态保护差别化推进机制等方面提出了对策与建议。

江西当前正在大力推行生态文明建设，"绿水青山就是金山银山"的理念已经深入人心；同时也面临着发展经济和保护环境的双重压力。生态文明建设是百年大计、千年大计。生态文明建设发展到一定阶段，如何充分认识、正确评价这一动态过程，本书在经济生态化中采用经济发展与生态环境的协调性进行权衡，具有一定的启发意义。课题团队发挥了九江学院的地域研究优势，进行了很好的评价性、总结性、探索性的研究，研究成果突出了九江生态文明建设的实践特色，研究成果接地气，较好地把握了生态文明建设的动态性与阶段性，能够为当地的生态文明建设带来一些新的启示，具有较好地现实意义和一定的应用价值。

江西省生态文明研究促进会理事长

胡振鹏

2017 年 12 月 30 日

序 二

生态文明是人类从维护社会、经济、自然系统的整体利益出发,实现人与自然的协同进化,促进经济社会、自然生态环境的可持续发展。党的十九大报告强调"建设生态文明是中华民族永续发展的千年大计。必须树立和践行绿水青山就是金山银山的理念。"2016年,江西被列入首批国家生态文明试验区。建设国家生态文明试验区,是中央赋予江西的重大任务,也是加快实现"九江全面崛起、百姓更加幸福"奋斗目标的重大机遇。

九江学院鄱阳湖生态经济研究中心围绕"生态文明建设九江实践"专题,组建了由汤明老师牵头的涉及环境科学、生态学、经济学、管理学、传统文化等多个领域的跨学科研究团队。先后多次深入武宁县、彭泽县、都昌县、永修县等多个县市区查阅文献,到工业园区、田间地头开展问卷调查、实践调研、现场访谈、集中座谈,收集第一手研究资料和原始数据。

团队立足生态文明建设理论背景和九江生态文明

建设实践情况，多次研讨项目设计方案，从分析九江开展生态文明建设面临的挑战，到围绕九江生态文明建设水平分析、九江经济生态化及城镇生态化发展测度分析，寻找九江开展生态文明建设的优势和不足，并在总结典型实践案例的基础上，提出了一些可行优化方案，整体研究设计的逻辑科学、框架缜密、思路清晰。

　　成果作为九江学院鄱阳湖生态经济研究的"区域产业与生态文明"系列成果之一，重点突出了九江厚植生态优势、发展生态产业、深化生态改革、弘扬生态文化的生态文明建设实践过程和特色，具有很强的针对性和本土特质，能够为九江生态文明建设提供一些新的思路。

　　九江正在为推动生态文明建设，争取在生态文明建设这场"国家大考"中，为江西的靓丽答卷贡献更多的"九江分数"。九江要科学引导生产方式绿色化、生活方式绿色化、资源配置绿色化，实现九江经济社会发展向更高级文明形态演化，实现经济、生态、社会的有机统一，在如何认识九江生态文明、如何评价九江生态文明、如何看待九江生态文明、如何理解九江生态文明、如何优化九江生态文明等方面是值得认真思索的重要问题。课题团队就是发挥了地方高校的天然地域人才资源优势，以现实问题为导向，进行了认真的系统性和探索性研究，具有很好地现实意义和一定的决策参考作用。

九江市政协原副主席
九江学院原副院长
2017 年 12 月 27 日

前　言

　　生态文明就是以尊重自然为前提，倡导持续、共生、和谐的发展道路，是在人类生产生活与自然生态之间建立起可持续的生产方式和消费方式。党的十八大以来，党中央协调推进"五位一体"总体布局和"四个全面"战略布局，牢固树立和贯彻落实创新、协调、绿色、开放、共享的五大发展理念，把生态文明建设摆上更加重要的战略位置。十九大报告指出我们要建设的现代化是人与自然和谐共生的现代化，既要创造更多物质财富和精神财富以满足人民日益增长的美好生活需要，也要提供更多优质生态产品以满足人民日益增长的优美生态环境需要。建设生态文明的核心就是增加优质生态产品供给，让良好生态环境成为普惠的民生福祉，成为提升人民群众获得感、幸福感的增长点。

　　2016年，江西同福建和贵州一起被纳入首批国家生态文明试验区，探索生态文明制度体系发展路径，形成可复制推广成功经验。习近平总书记强调，绿色生态是江西最大财富、最大优势、最大品牌，一定要保护好，做好治山理水、显山露水的文章，走出一条经济发展和生态文明水平提高相辅相成、相得益彰的路子，打造美丽中国"江西样板"。九江位于长江与鄱阳湖交汇处，是长江和京九铁路两大经济带交叉点，全境东西长270公里，南北宽140公里，总面积1.88万平方公里，占江西省总面积的11.3%。九江是长江中游区域中心港口城市，是中国首批5个沿江对外开放城市之一。随着长江经济带战略的深入推进，九江区域性交通枢纽的城市功能将日益强化，作为"W型长江"第二转折点的地位进一步显现。九江也是东部沿海开发向中西部推进的过渡地带，近年来经济总量显著扩张，经济保持平稳较快增长，主要经济指标稳居全省前三。2016年，九江地区生产总值为2 096.13亿元。无论从经济发展格局和地理区位特征等角度，九江生态文明建设水平在"江西样板"建设中具有十分重要的意义，同时也对中西部欠发达城市开展生态文明建设也具有很好的借鉴价值。

本书从九江生态文明建设的背景、机遇及挑战出发，结合九江生态文明实践，构建生态文明建设评价指标体系，综合分析评价九江生态文明建设水平；剖析九江经济生态化、城镇生态化的内涵和现状，开展建设水平的测度分析；系统总结九江生态文明建设的经验、存在的问题，提出优化路径。从研究结果来看，九江生态文明建设整体水平一直处于上升态势，尤其是生态经济、生态文化等方面增长明显；但未来九江生态文明建设水平的提升主要依托于生态环境质量改善，面临着巨大压力。

本书主要由汤明负责研究设计和统筹协调。其中第一章（由汤明、陈乐君、李也等完成）主要从生态文明建设与发展背景、生态文明建设的理论基础、生态文明建设九江实践的内涵分析、九江生态文明实践探索、九江区域区位特征分析、九江开展生态文明建设面临的挑战等方面系统分析了九江生态文明建设的机遇和挑战。第二章（由尹科等完成）主要从生态文明评价体系国内外研究进展、九江生态文明建设指标体系、评价方法、综合分析等方面对九江生态文明建设进行了综合评价。第三章（由李华等完成）主要从经济发展生态化的内在矛盾和外在表现、九江经济发展生态化建设现状、九江经济生态化水平测度分析等方面对九江经济生态化水平进行了综合分析。第四章（由刘文华等完成）主要从城镇生态化内涵解析、九江城镇发展生态化水平现状及综合测度分析、九江城镇生态化过程的有利条件和制约因素、九江城镇生态化优化对策等方面对九江经济生态化水平进行了综合分析。第五章（由张小谷等完成）从农耕文化、隐逸文化、山水田园文化、宗教文化、书院文化、建筑文化、非物质文化等视角，研究九江生态文化特征。第六章（由汤明，魏伟新、谢帧帧、程鹏飞等完成）主要从全域生态产业化、工业生态化、稻田高效立体化养殖模式、立体化畜禽养殖模式等方面归纳总结了九江生态文明实践过程中的典型案例。第七章（由汤明等完成）主要是在总结九江生态文明建设主要经验的基础上，剖析实践过程中的主要问题，并提出优化对策。

由于生态文明研究内容涉及面广，实践过程问题具体且复杂，影响因素诸多，案例及数据资料收集和实地调研工作任务繁重。本书研究过程中得到了九江市发改委、市环保局及武宁县、彭泽县、都昌县、永修县等政府相关部门的大力支持；同时还得到了陶春元教授的系统指导，在此一并表示感谢。限于作者水平，本书难免出现一些差错或问题，敬请批评指正。

作 者

2017 年 12 月

目 录
Contents

第一章　九江生态文明建设的机遇和挑战 / 1

第一节　生态文明建设与发展背景 / 1
第二节　生态文明建设的理论基础 / 7
第三节　生态文明建设九江实践的内涵分析 / 10
第四节　九江生态文明实践探索 / 14
第五节　九江区域区位特征分析 / 20
第六节　九江开展生态文明建设面临的挑战 / 23

第二章　九江生态文明建设综合评价 / 26

第一节　生态文明评价体系国内外研究进展 / 26
第二节　九江生态文明建设指标体系 / 29
第三节　九江生态文明建设评价方法 / 36
第四节　九江生态文明建设水平综合分析 / 40

第三章　九江经济生态化水平测度分析 / 45

第一节　经济发展生态化的内在矛盾和外在表现 / 46
第二节　九江经济发展生态化建设现状 / 50
第三节　九江经济生态化水平测度分析 / 59

第四章　九江城镇生态化水平测度分析 / 66

第一节　城镇生态化内涵解析 / 66

第二节　九江城镇生态化水平现状及综合测度分析　/　70

第三节　九江城镇生态化过程的有利条件和制约因素　/　83

第四节　九江城镇生态化优化对策　/　86

第五章　九江生态文化特征分析　/　96

第一节　农耕文化　/　97

第二节　隐逸文化　/　99

第三节　山水田园文化　/　100

第四节　宗教文化　/　101

第五节　书院文化　/　103

第六节　建筑文化　/　104

第七节　非物质文化　/　105

第六章　生态文明建设九江实践的典型案例　/　109

案例1　全域生态产业化　/　109

案例2　工业生态化路径　/　138

案例3　稻田高效立体化养殖模式　/　151

案例4　立体化畜禽养殖模式　/　159

第七章　九江生态文明建设优化对策　/　165

第一节　九江生态文明建设实践的主要经验　/　165

第二节　九江生态文明建设实践过程中存在的主要问题　/　168

第三节　九江生态文明建设优化对策研究　/　169

参考文献　/　175

附录　/　180

第一章

九江生态文明建设的机遇和挑战

第一节 生态文明建设与发展背景

生态文明是一个理论问题，更是一个实践问题。从理论到实践的不同层面和从区域到全球的不同尺度探讨生态文明，是基于目前人类社会面临的生态危机以及因此而引发的一系列危机这样一个基本的生存现实。生态文明是指人与自然、人与人、人与社会和谐共生、良性循环、全面发展、持续繁荣为基本宗旨的文化伦理形态；是遵循人与自然和谐发展客观规律基础上实现经济、社会、人口与自然协调发展的一个高级的文明阶段。

一、文明发展溯源

纵观人类社会的发展及其文明演替史，人类文明先后经历了原始文明、农业文明、工业文明及生态文明四个阶段。

1. 原始文明

原始文明是人类文明的第一个阶段，人们必须依赖集体的力量才能生存。这个时期的主要特征如下：生产力水平极其低下，物质生活资料极端匮乏，人口数量极小；人们主要依靠简单的石器，通过采集野果、狩猎动物等形式，依赖集体的力量维持生存。原始文明阶段的人与自然的关系可以概括为，人类对自然充满敬畏，盲目地崇拜自然，人受制于自然、寄生于大自然，始终以自然为中心，属于典型的自然中心主义，这一时期，人类对自然生态的破坏最小（朱玉利，2009）。

2. 农业文明

人类在原始文明后期，人口的增长、生产工具的日益改进促使人类迫切需要进一步提高生产力，来满足日益增长的物质文化需求。因此，以铁矿冶炼及文字发明为特点的农业文明时代悄然而至。在这个时期，以土地耕种为特点的自给自足小农经济逐步形成，农业与手工业逐渐结合，主要家庭组织方式为男耕女织、自给自足。

农业文明的时期的特点可以概括为：随着生产工具的改进，生产力水平小幅提高，人口较原始文明时期略有提升；人类逐渐从顺应自然、崇拜自然的天人关系转变为主动改造及开发与生存息息相关的自然环境，但是自然环境仍然占主导地位，人类处于从属地位，这一时期人类对自然生态开始了一定程度的破坏，但是仍在自然生态系统的可承载范围之内。

3. 工业文明

农业文明后期，低下的生产力与人口的膨胀不相适应，以蒸汽机为代表的工业文明吹响了人类征服自然、大规模改造自然的号角。

工业文明使世界发生了翻天覆地的巨变，科学技术的迅猛发展促使人类具有了前所未有的能力。工业文明在不断丰富人类生产、生活资料，提高人类福祉的同时，也带来了各种问题，引发了诸多矛盾，主要表现为：自然资源的巨量消耗、生态的极度破坏、环境的肆意污染，直接威胁着人类及其子孙的生存与发展。

工业革命以来，生态唯意志主义也就是人类中心主义占了上风，这一时期的哲学基础是"人是自然的主人"。认为自然是人类的奴隶，自然资源是取之不尽、用之不竭的，完全忽视了自然生态系统的承载能力，更不提人类社会及自然的可持续发展。由于人类的无限贪恋，拜金主义、物质主义思潮横行,这一阶段的天人关系主要表现为:征服与被征服、掠夺与被掠夺、奴役与被奴役的关系,自然的一切都是为人类这一物种服务的,人类成为自然界的中心,因此这一时期的文明我们称为人类中心主义。

4. 生态文明

工业发展带来的资源、生态和环境问题,是人类在欢庆科学技术进步和经济飞速发展所带来的好生活时,受到的"当头一棒"。它使人类惊醒,激发了人类的思考,经过长期、反复的争论和研究,终于催生了可持续发展战略和生态文明的诞生。

与人类中心主义相反,生态文明提倡的是人与自然的和谐,其中心思想就是人必需尊重自然,包括自然界的一切生物和自然生态系统的和谐与稳定;人类也应该遵循自然生态系统的规律进行生产活动和消费活动;一切破坏自然生态系统的行为最终都将危害人类自己和人类生存的地球,必须坚决摒弃。

二、生态文明的理论与实践溯源

早在20世纪50年代,人类就开始对面临的日益严重的生态环境问题进行认真严肃的思考。其中有"三本书"和"三次会"最具有典型代表性。三本书分别是,1962年美国学者蕾切尔·卡逊的著作《寂静的春天》、1972年罗马俱乐部发表的研究报告《增长的极限》、1987年世界资源和环境委员会发表的研究报告《我们共同的未来》;三次会分别是,1972年联合国召开"人类与环境大会"、1992年联合国"环境与发展大会"和2002年联合国"可持续发展高峰会议"。

1962年,著作《寂静的春天》受到了以美国化工界科学家、工程师、企业家为中心的社会力量的谩骂和抨击。但它也唤醒了不少人,包括当时的美国总统肯尼迪就十分重视,曾指示对化学农药造成的健康危害进行调查,并在政府层面发布了相关规定。作者蕾切尔·卡逊注意到了化学农药的使用对农村产生的影响,认为虽然化学农药减轻了病虫害,保障了农作物的丰收，但化学农药造成的污染危害了人和生物的健康甚至生命。她在《寂静的春天》中写道："神秘莫测的疾病袭击了成群的小鸟，牛羊病倒和死亡，不仅在成人中，而且在孩子们中也出现了突然的、不可解释的死亡现象"，"一种奇怪的寂静笼罩了这个地方，这儿的清晨曾经荡漾着鸟鸣的声浪，而现在只有一片寂静覆盖着田野、树木和沼泽"。她还指出这不仅是农药的问题，更在更深层次的关系到经济发展模式，她说："我们长期以来行驶的道路，容易被人误认为是一条可以高速前进的平坦、舒适的超级公路，但实际上，这条路的终点却潜伏着灾难，而另外的道路则为我们提供了保护地球的最后的和唯一的机会。"受《寂静的春天》的影响，来自10个国家的30位科学家、教育家、经济学家和实业家于1968年成立了"罗马俱乐部"，他们在一起关注、探讨人类面临的共同问题。在1972年发布的研究报告《增长的极限》中，他们提出："地球的支撑力将会由于人口增长、粮食短缺、资源消耗和环境污染等因素在某个时期达到极限，使经济发生不可控制的衰退；为了避免超越地球资源极限而导致的世界崩溃，最好的方法是限制增长。"《增长的极限》引起了强烈的反响和尖锐的论争，它对人类前途的忧虑促使人们密切关注人口、资源和环境问题，但它反对增长的观点也受到了尖锐的批评和责难。1983年3月，"世界环境与资源委员会"成立，1987年发表了名为《我们共同的未来》的研究报告。报告的主要观点有：环境危机、能源危机和发展危机不能分割、地球的资源和能源远不能满足人类发展的需要、必须为当代人和下代人的利益改变发展模式等。其中，它还首次提出解决发展与环境矛盾的正确道路就是可持续发展的道路。《我们共同的未来》对可持续发展道路的说明是："这条道路不是仅能在若干年内、在若干地方支持人类进步的道路，而是一直到遥远的未来都能支持全球人类进步的道路。"应该说，是世界环境与资源委员会最早提出了可持续发展观念，《我们共同的未来》是人类对环境与发展认识的重大飞跃。

1972年，联合国在瑞典斯德哥尔摩召开"人类环境会议"，发表了《人类环境宣言》，向全球发出呼吁："已经到了这样的历史时刻，在决定世界各地的行动时，必须更加审慎地考虑它们对环境产生的后果。"《宣言》指出："人类必须运用知识与自然取得协调，为当代和子孙改善环境，这与和平和发展的目标完全一致；每个公民、机关、团体和企业都负有责任，各国中央和地方政府负有特别重大的责任；对于区域性和全球性的环境问题，应由各国合作解决"。大会号召各国政府和人民都要关注环境，保护环境，并成立了"世界环境与资源委员会"，要求进一步研究经济发展与环境保护的关系，寻求正确的出路。1992年，联合国在巴西里约热内卢召开了"环境与发展高峰会议"，制定了《21世纪议程》，可持续发展战略写入了大会宣言；并把可持续发展定义为"既符合当代人类需求，又不致损害后代人满足其需求能力的发展"。与传统的发展战略相比较，可持续发展的主要特征是：从单纯以经济增长为目标转向经济、社会、资源和环境的综合发展；从注重眼前利益和局部利益转向注重长远利益和整体利益的发展；从资源推动型的发展转向知识推动型的发展；从对自然掠夺的发展转向与自然和谐的发展。2002年，联合国召开可持续发展首脑会议，总结1992年联合国环境与发展高峰会议提出可持续发展战略以后的实施情况。大会的政治宣言承认："1992年里约热内卢会议所确定的目标没有实现。"政治宣言说明了得出这个结论的理由是地球仍然伤痕累累，世界仍然冲突不断。前者指的是环境问题仍然十分严重，甚至更加严重，反映在海平面上升、森林遭严重破坏、超过20亿人口面临缺水、每年有300多万人死于空气污染的影响、220多万人因水污染而丧生、气候变化影响日渐明显等。后者则是世界面临的各类政治、社会问题，包括：地区冲突、恐怖主义、霸权主义、跨国犯罪、毒品走私、贫困人口有增无减、世界和平和安全受到威胁等。这次会议对全世界敲响了警钟，可持续发展任重道远。

三、我国传统文化中的生态文明元素

我国作为具有悠久历史的文明古国，有着璀璨的历史文化，生态文明的智慧也可以从我国的传统文化中汲取。中国传统文化三大主要流派儒、道、释的思想内核中都有合乎生态文明理念的地方。儒家"天人合一"的生态自然观，强调人对于"天"也就是大自然，要有敬畏之心。道家主张无为，不是说无所事事，而是要求节制欲念，不做超越自然法则的违规之事。释家则把人看作世间万物中平等的一员，把不杀生当作修身的重要信条。

儒家的哲学思想的出发点是社会组织，其特征为以人为本的"仁爱"思想，同时也主张"泛爱众生"；但同时反对自私自利，而且反对无差等的"兼爱"思想。儒家重"人学"，从人伦社会关系切入天人关系，并将天道人伦化，以人伦解释天意，建立了一套以仁义思想为核心，强调人与自然一体性的理论体系。中国文化熏陶下的文人雅士在对待人与自然的关系上也强调生态环境为人服务，优美的环境因人而彰。

道家的哲学更倾向于对人类的本源的"道"以及人与自然、人与道德的思考，更为抽象。历史上的道家思想并不是一个统一的整体，但"道"作为宇宙的本体和起源一直是贯彻道家思想的钥匙。"道生一，一生二，二生三，三生万物"，意思就是说道的运动使物质从无到"有"，然后"有"根据道德规定繁衍和分化出芸芸众生。既然道孕育了芸芸众生，人类社会也是芸芸众生的一部分，因此人类社会的运动也应该符合道德规定。怎样的行为才算是符合道德规定呢？老子认为顺从自然就是符合天道的，这种思想观点叫作"道法自然、天人合一"。

依正不二，是佛家处理主观世界与客观世界关系、人与自然关系的基本立场。用现代语言表述，即是生命主体与其生存环境密切相关、同一体性。其实，在把人与自然看作一个整体这个观点上，佛家依正不二论与道家、儒学等诸家的天人合一论是共通的，这都是东方古代文化的优秀传统。但是，在阐释有情众生与人类生存环境的依存关系方面，与儒家"万物一体"、道家"天人合一"思想相比，佛家"依正不二"思想更为注重自然生态的健康发展，生命主体的存在是以它为前提，这就是所谓佛家的人类主体与生态环境的辩证性与互动性。人类作为大千世界体系的一分子，人类对生态环境的影响和破坏的结果最终反馈于人类自身。如现存资源枯竭、全球性温室效应、核辐射、大范围长久的雾霾等一系列生态问题。在此，日本学者池田大作做出了明确的阐述"佛法的'依正不二'原理……明确主张人和自然不是相互对立的关系，而是相互依存的。……如果把主体与环境的关系分开对立起来考察，就不可能掌握双方的真谛"。

第二节 生态文明建设的理论基础

一、马克思主义理论

马克思恩格斯认为,在人面前总是摆着一个"历史的自然和自然的历史"。所谓历史的自然,是指自然不是与人无关的自然,人类的活动不断改造着自然;所谓自然的历史,是指人类的历史不仅仅是人类自身变化的历史,也伴随着自然变化的历史。马克思认为,劳动是人和自然之间物质变换的过程,人通过劳动把人的身体力量释放给自然,并把自然的力量转化为人身上的力量。马克思与恩格斯辩证的实践的自然观,首先是指人与自然之间社会性地组织起来、通过物质性生产劳动而展开了的复杂的历史关系,也就是人与自然、社会与自然、人与人之间相互作用、相互制约的整体性关系。马克思恩格斯设想的未来的共产主义理想社会中,人与自然关系的最基本形式即物质变换依然存在,人类借助于劳动实现的满足自身不断需要的生产活动依然不可或缺,但共产主义的社会制度与新型人际关系将会为人与自然关系的现实展开提供崭新的框架形式——比如最经济地利用自然资源和生态环境。因而,马克思恩格斯理解的"共产主义社会",不仅是一个物质生产力高度发展和社会公正的社会,还是一个自觉认识与充分尊重自然环境制约和生态规律的生态理性社会。[①]

二、应用生态学理论

应用生态学是研究协调人类与生物、资源、环境之间关系以达到和谐目的的科学[②]。主要任务是解决环境与资源管理问题,发展环境决策的基本科

[①] 潘岳. 马克思主义生态观与生态文明. 学习时报, 2015年7月13日.
[②] 何兴元, 曾德慧. 应用生态学的现状与展望. 应用生态学报, 2004 (10).

学原则并在生态学框架下探讨环境政策与环境管理,其研究领域非常广泛,包含气候变化与生物地球化学,保护生物学,生态毒理学与污染生态学,渔业与野生动物生态学,林业,农业生态系统,草原管理,土壤,水文与地下水,景观生态学。自20世纪60年代以来,随着人类与生物圈之间的关系日趋紧张,出现了所谓人口爆炸、资源濒临枯竭、环境危机以及工业化、城市化发展带来的一系列问题,进一步引发了一些新的应用生态学分支的诞生与发展,并渗透到社会、经济的各个领域如资源生态学、经济生态学、社会生态学、人类生态学、城市生态学、污染生态学、恢复生态学、生态工程学,乃至出现了以研究地球生存环境为目标的全球生态学等。

三、可持续发展理论

联合国环境署理事会第15届会议认为可持续发展是指既满足当代人的需求而又不对后代人满足其需求构成危害的发展。可持续发展理论的建立与完善,一直沿着生态学、经济学、社会学、系统学等四个主要方向去发展,力图把当代与后代、区域与全球、空间与时间、环境与发展、效率与公平等有机地统一起来。经济学方向一直把"科技进步贡献率抵消或克服投资边际效益递减率",作为衡量可持续发展的重要指标和基本手段;社会学方向一直把"经济效率与社会公平取得合理的平衡",作为可持续发展的重要判据和基本诉求;生态学方向一直把"环境承载力与经济发展之间取得合理的平衡",作为可持续发展的重要指标和基本原则[1];系统学方向将可持续发展作为"自然、经济、社会"复杂巨系统的运行轨迹,以综合协同的观点,探索可持续发展的本源和演化规律,将其"发展度、协调度、持续度在系统内的逻辑自洽"作为可持续发展理论的中心思考,有序地演绎了可持续发展的时空耦合规则并揭示出各要素之间互相制约、互相作用的关系,建立了"人与自然"关系、"人与人"关系的统一解释基础[2]。

---

[1] 牛文元. 中国可持续发展战略报告(年度报告). 北京:科学出版社,1999-2004.
[2] 牛文元. 中国可持续发展总论;路甬祥总主编,中国可持续发展总纲(第一卷). 北京:科学出版社,2007.

四、产业生态化理论

目前产业生态化还没有一个被普遍接受的定义。我国文献中刘泽源（1994）在《产业生态化与我国经济的可持续发展道路》论文中首次提出产业生态化，认为产业生态化就是把作为物质生产过程为主要内容的产业活动纳入到大生态系统中，把产业活动对自然资源的消耗和对环境的影响置于大生态系统物质、能源的总交换过程中，实现大生态系统良性循环与持续发展[1]。国外对产业生态这一概念，耶鲁大学托马斯·格雷戴尔（Thomas Graedel，1995）等在其著作《产业生态学》中，认为产业生态学是人类在经济、文化和技术不断发展的前提下，合理地、有意地去探索和维护可持续发展，它要求不是孤立地而是系统地看待产业系统与周围生态环境的关系。是一种将整个物质循环过程，主要包括天然材料的获取，加工、零部件生产、产品、废弃物到最终处置等环节，加以系统优化的方法[2]。

五、系统动力学理论

从系统方法论来说，系统动力学的方法是结构方法、功能方法和历史方法的统一。系统动力学认为，系统的行为模式与特性主要取决于其内部的动态结构于反馈机制。系统动力学的模型模拟是一种结构－功能的模拟。它最适用于研究复杂系统的结构、功能与行为之间的辩证对立统一关系。系统动力学研究处理复杂问题的方法是定性与定量结合，系统分析、综合推理的方法。按照系统动力学的理论与方法建立的模型，借助计算机模拟可以用于定性与定量地研究系统问题。系统动力学正是这一门可用于分析研究社会、经济、生态和生物等一类复杂大系统问题的学科。系统动力学模型可作为实际

---

[1] 刘泽源，代锦. 产业生态化与我国经济的可持续发展道路 [J]. 自然辩证法研究，1994 (12).

[2] T. E. Graedel & B. R. Allenby. Industrial Ecology [M]. Published by Prentice Hall，1995.

系统，特别是社会、经济、生态复杂大系统的实验室。[①]

第三节　生态文明建设九江实践的内涵分析

一、我国生态文明建设思路

2007年9月党的十七大报告中首次提出"生态文明"建设方略，并将生态文明与物质文明、精神文明、政治文明共同构成中国共产党文明建设的整体系统。2012年，党的十八大做出"大力推进生态文明建设"的战略决策。2015年5月，中共中央、国务院印发《关于加快推进生态文明建设的意见》，同年9月印发《生态文明体制改革总体方案》，明确提出逐步建立的"自然资源资产产权制度、国土空间开发保护制度、空间规划体系、资源总量管理和全面节约制度、资源有偿使用和生态补偿制度、环境治理体系、环境治理和生态保护市场体系、生态文明绩效考核和责任追究制度"。"十三五"规划正式纳入加强生态文明建设的目标，标志着"美丽中国"作为执政理念正式落实到国家新时期的发展建设中，生态文明建设、经济建设、政治建设、文化建设、社会建设五位一体格局正式形成。习近平总书记提出的"绿水青山就是金山银山"业已成为生态文明建设的重要指导思想。

2016年，江西、福建及贵州被列为国家首批生态文明试验区，主要坚持尊重自然顺应自然保护自然、发展和保护相统一、绿水青山就是金山银山、自然价值和自然资本、空间均衡、山水林田湖是一个生命共同体等理念，遵循生态文明的系统性、完整性及其内在规律，以改善生态环境质量、推动绿色发展为目标，以体制创新、制度供给、模式探索为重点，设立统一规范的国家生态文明试验区，将中央顶层设计与地方具体实践相结合，集中开展生态文明体制改革综合试验。

[①] 王其藩. 系统动力学理论、方法的发展与延拓[J]. 复杂巨系统理论·方法·应用——中国系统工程学会第八届学术年会论文集.

《国家生态文明试验区（江西）实施方案》提出美丽中国"江西样板"将着力打造山水林田湖草综合治理样板区、中部地区绿色崛起先行区、生态环境保护管理制度创新区、生态扶贫共享发展示范区。将"生态+"理念融入产业发展全过程、全领域，建立健全引导和约束机制，构建绿色产业体系，促进生产、消费、流通各环节绿色化，率先在中部地区走出一条绿色崛起的新路子。

《国家生态文明试验区（福建）实施方案》提出战略定位为国土空间科学开发的先导区，生态产品价值实现的先行区，环境治理体系改革的示范区，绿色发展评价导向的实践区。以率先推进生态文明领域治理体系和治理能力现代化为目标，以进一步改善生态环境质量、增强人民群众获得感为导向，集中开展生态文明体制改革综合试验，着力构建产权清晰、多元参与、激励约束并重、系统完整的生态文明制度体系，努力建设机制活、产业优、百姓富、生态美的新福建。

《国家生态文明试验区（贵州）实施方案》提出战略定位为长江珠江上游绿色屏障建设示范区、西部地区绿色发展示范区、生态脱贫攻坚示范区、生态文明法治建设示范区、生态文明国际交流合作示范区。以建设"多彩贵州公园省"为总体目标，以完善绿色制度、筑牢绿色屏障、发展绿色经济、建造绿色家园、培育绿色文化为基本路径，以促进大生态与大扶贫、大数据、大旅游、大开放融合发展为重要支撑，大力构建产权清晰、多元参与、激励约束并重、系统完整的生态文明制度体系，加快形成绿色生态廊道和绿色产业体系，实现百姓富与生态美有机统一。

二、生态文明建设九江实践的内涵分析

江西自然资源丰富，生态是江西最大的优势。习近平总书记强调，绿色生态是江西最大财富、最大优势、最大品牌，一定要保护好，做好治山理水、显山露水的文章，走出一条经济发展和生态文明水平提高相辅相成、相得益彰的路子，打造美丽中国"江西样板"。2016年11月，江西省第十四次党代会明确把建设国家生态文明试验区、打造美丽中国"江西样板"作

为未来发展的总体要求。"江西样板"注重将"生态+"的理念融入产业发展中，着力提升绿色经济发展水平，促进生态与经济协调发展，向绿色生态特色优势要竞争力。从本质上追求绿色GDP，改变传统粗放的经济发展方式，以循环经济推动产业发展，实现自然生态与经济发展的良性循环。

九江是江西参与国家长江经济带战略的桥头堡和前沿阵地。拥有152公里长江岸线，又拥有五分之三的鄱阳湖水面和480公里的鄱阳湖岸线，还有五河之一的修河的全流域，是昌九一体化规划中"双肺"的主体，在"江西样板"的建设中具有十分重要的地位。2016年中共九江市委十届九次全体（扩大）会议提出了"十三五"时期九江发展战略——推进"T"形崛起，打造山水名城，率先全面小康，建设五大九江，目标是把九江打造成全省绿色崛起的双核之一、长江经济带重要中心城市、世界知名的山水文化名城和旅游度假胜地。建设开明开放、创新创业、宜居宜游、共建共享、实在实干的九江，是生态文明建设九江实践的核心路径，是"美丽中国""江西样板"在地区尺度上的具体实践。一是聚焦绿色发展。"十三五"期间，九江市将巩固提升生态优势，构建沿长江、环鄱阳湖、覆盖庐山的生态安全格局，提高生态效益。坚持预防为主、源头控制、综合治理，形成政府牵头、市场主导、公众参与的多元共治环境治理体系。积极推进企业进行清洁生产，鼓励居民转变生活方式，开展节能减排全民行动计划，打造蓝天碧水的秀丽九江。二是坚持产业发展。社会经济的发展离不开产业的繁荣，绿色崛起的目标实现，离不开绿色产业的振兴。九江要成为成全省绿色崛起的双核之一，势必要对传统产业进行转型升级。"十三五"确定的"新工业十年行动"就是全面贯彻"创新、协调、绿色、开放、共享"的发展理念，全力推动工业经济升级做强。以创新为动力，实现发展方式的变革，完成发展动力的有序接续和转换,；以协调为要求，实现发展效益均衡、区域均衡；以绿色为底色，坚持牢"生态优先，绿色发展"的要求，发展循环经济；以开放为路径，抢抓"一带一路"、长江经济带、昌九一体化等区发展战略，开创开明开放发展局面；以共享为目标，通过产业发展，助推经济升级，更好地保障改善民生，建设共建共享的幸福九江。三是倡导实在实干。树立"做实在人、干实在事"的导向，倡导形成务实城市。

三、生态文明建设九江实践框架

九江生态文明建设提出将打造长江中游绿色崛起先行区、长江流域水生态文明典范区、生态旅游休闲度假区、特色生态农业示范区、生态文明体制机制创新区；结合九江实际，构建定位清晰的国土空间开发体系、环境友好的绿色产业体系、节约集约的资源能源利用体系、安全可靠的生态环保体系、崇尚自然的生态文化体系和科学长效的生态文明制度体系的"六大体系"。一是构建"两湖一江（河）一屏"（即为鄱阳湖、柘林湖、长江、修河，幕阜－九岭山地森林生态屏障）为主体的生态安全格局，重点保护湖泊面积和水质、水生生物、湿地、候鸟、植被及生物多样性，发挥调蓄长江洪水的重要作用；加强长江生态堤防建设、修河流域水土保持、污染治理，保护恢复河道生态系统及功能；加强水源涵养、水土流失防治和天然植被保护。二是构建"以特色精品基地"为主体的生态农业发展格局，依托优势主导产业，发展带状、块状现代生态农业。巩固和发展优质粮食生产基地、长江中下游优质油菜和优质棉生产基地。着力创建环庐山、环西海、环鄱阳湖"三大茶区"的庐山云雾和修水宁红"两大品牌"茶叶生产基地；重点培植高效经济作物生产基地；着重支持发展都昌珍珠贝类加工产业集群、彭泽鲫产业集群、鄱阳湖区大宗淡水鱼产业集群，着力推进东部湖区、西部库区、中部昌九沿线"三大特色渔业板块"和"环鄱阳湖渔业生产基地"；重点打造环鄱阳湖品牌畜禽产品；推进建设环庐山、环西海休闲观光生态农业基地，着力打造精品农业。三是构建以九江都市区为主体的新型城镇化格局，构筑"T轴两区"的城镇空间格局（"T轴"即沿长江城镇发展轴与沿昌九城镇发展轴，"两区"即九江都市区与西部城镇发展片区）。在都市区，构筑"双核两心"的都市区空间结构（"双核"即主核心九江中心城市、副核心共德永地区，"两心"为都市区其他2个县域重点增长区域，分别为彭泽县城、都昌县城）。在中心城市，构筑"一主两副四区"的城市空间发展结构（"一主"即主城中心。"两副"即城西中心、江州中心。按照"高端服务中心集聚，产业职能沿江拓展，特色职能山湖联动"的理念划分为

"四区"：核心城区，包括主城组团、江州组团、城西组团、城东组团；瑞昌片区，包括瑞昌组团、码头组团；澎湖片区，包括湖口组团、澎湖湾组团；星子—机场片区，包括星子组团、温泉组团、机场组团)①。

第四节 九江生态文明实践探索

建设生态文明，源于对人类中心主义的批判，是对"掠夺式"非均衡发展的反思，更是对科学发展的深化和提升。五千年来，中华民族经历了漫长的原始文明、农耕文明，短暂的工业文明、现代文明，经历了对自然生态恐惧、敬畏、破坏、掠夺、保护、修复的种种实践，深刻认识到建设生态文明，关系人民福祉，关乎民族未来，也关系科学发展，关乎世界未来。

生态文明本应该是在发达国家先兴起，因为工业革命首先从那里掀起的，工业文明带来的各种环境问题也最为突出，但是由于工业思维的惯性存在，资产阶级按照传统的工业思维模式对环保问题的思考，使得环境问题在资本主义世界得到一定程度的缓解。我国经过30年的改革开放，经济得到高速发展，环境污染、资源短缺等生态问题也渐渐凸显出来，这不仅影响了人民生活质量而且也制约了经济发展，为此中央提出转变生产方式，构建和谐社会。

一、我国生态文明建设实践过程

我国在短短三十多年的时间里走过了工业发达国家一百多年的工业化历程，先是只注意发展，不注意环境；后是边发展，边注意环境，但还是以末端治理为主，治理跟不上污染。如今，我国成为世界 GDP 第二大国，但同时也成了环境污染大国，新旧问题加在一起形成了复合污染，情势更加严重：江、河、湖、海、地下水等各种水体都受到了不同程度的污染；雾霾天

---

① 中共九江市委，九江市人民政府. 关于推进生态文明先行示范区建设的实施意见（九发〔2015〕15号），2015.

气面积扩大、时间不断延长；土壤污染已影响到食品安全；垃圾包围城市现象处处皆是……从政府、专业队伍到广大人民，都在努力解决这些问题，但环境质量远未达到标准，污染事故还是连绵不断，离保障人民健康、促进可持续发展的目标仍有很远的距离。

我国自1993年以来，就把可持续发展战略定为国家基本战略。"十二五"规划纲要更明确提出，要走绿色发展的道路，建设资源节约型、环境友好型社会，要发展循环经济。党的十七大把科学发展观写入了中国共产党党章，提出了建设生态文明，十八大更进一步要求大力推进生态文明建设。对生态文明理念和实质的讨论和研究，我国社会科学界的专家们早20世纪90年代就开始了，他们提出了众多对于生态文明实质的表述，如：卢风（2013）提出："生态文明是由纯真的生态道德观、崇高的生态理想、科学的生态文化和良好的生态行为构成的"，刘湘溶认为："生态文明是文明的一种形态，是一种高级形态的文明，生态文明不仅追求经济、社会的进步，而且追求生态进步，它是一种人类与自然协同进化，经济、社会与生物圈协同进化的文明"。

2007年，党的十七大报告中明确提出要"建设生态文明，基本形成节约资源能源和保护生态环境的产业结构、增长方式、消费模式。循环经济形成较大规模，可再生能源比重显著上升。主要污染源排放得到有效控制，生态环境质量明显改善"。2012年，党的十八大提出"五位一体"总体要求，必须把生态文明建设放在突出地位，融入经济建设、政治建设、文化建设、社会建设各方面和全过程，要求大力推进生态文明建设，要树立尊重自然、顺应自然、保护自然的生态文明理念。2017年，党的十九大指出人与自然是生命共同体，人类必须尊重自然、顺应自然、保护自然。人类只有遵循自然规律才能有效防止在开发利用自然上走弯路。并在2012年正式将生态文明写入党章，纳入中国特色社会主义整体事业；2017年，将增强绿水青山就是金山银山的意识，实行最严格的生态环境保护制度等内容写入党的章程。

党的十八大把生态文明建设纳入中国特色社会主义事业"五位一体"总体布局，党中央、国务院就加快推进生态文明建设作出一系列决策部署，先后印发了《关于加快推进生态文明建设的意见》和《生态文明体制改革总体方案》。2013年习近平总书记在党的十八届三中全会上作关于《中共中央关于全面深化改革若干重大问题的决定》的说明时专门指出："我们要认识到，山水林田湖是一个生命共同体，人的命脉在田，田的命脉在水，水的命脉在山，山的命脉在土，土的命脉在树。"2013年发布的《国务院关于加快发展节能环保产业的意见》提出，在全国选择有代表性的100个地区率先开展生态文明先行示范区建设。2013年12月国家发展改革委等6部门联合下发《关于印发国家生态文明先行示范区建设方案（试行）的通知》，启动了生态文明先行示范区建设。2016年12月，中办、国办印发《生态文明建设目标评价考核办法》，确定对各省区市实行年度评价、五年考核机制，以考核结果作为党政领导综合考核评价、干部奖惩任免的重要依据。2015年底，中央环保督察巡视从河北省开始，不到两年已覆盖全国23个省份。2016年，中央环保督察对16个省份的6 000余人问责。2015年4月，我国首次以中共中央、国务院名义印发《关于加快推进生态文明建设的意见》，明确生态文明建设的总体要求、目标愿景、重点任务、制度体系；同年9月，中共中央、国务院出台《生态文明体制改革总体方案》，提出健全自然资源资产产权制度、建立国土空间开发保护制度、建立空间规划体系、完善资源总量管理和全面节约制度、健全资源有偿使用和生态补偿制度、建立健全环境治理体系、健全环境治理和生态保护市场体系、完善生态文明绩效评价考核和责任追究制度等八项制度。2016年8月，中共中央、国务院将福建、江西、贵州等三省分设立为首批国家生态文明试验区，紧紧围绕统筹推进"五位一体"总体布局和协调推进"四个全面"战略布局，牢固树立创新、协调、绿色、开放、共享的发展理念，重在开展生态文明体制改革综合试验，规范各类试点示范，为完善生态文明制度体系探索路径、积累经验。

二、江西生态文明建设实践探索

江西历来高度重视生态文明建设工作，对生态文明实践过程进行了有益探索。2009年，国务院正式批复了鄱阳湖生态经济区规划，要求江西在全国率先探索经济发展与生态环境相协调的新路子；规划要求鄱阳湖生态经济区实现区域生态环境质量优良，并在全国名列前茅，率先构建可持续的生态产业体系，生态文明水平领先全国，必须始终坚持经济与生态协调发展，在加快发展中保护和建设好江西的绿水青山。2011年召开的江西省第十三次党代会，江西适时提出了建设富裕和谐秀美江西的目标，始终把生态文明建设作为加快发展的重要基石。从2013年开始，江西省对所有县（市、区）实行科学发展分类考核，建立生态文明建设考核评价体系，逐步提高生态考核权重。2015年11月，江西省中级人民法院建立的首个环境资源审判庭在九江中院环境资源审判庭暨西海巡回法庭正式挂牌成立。江西省在全国率先实行全境流域生态补偿机制，覆盖全部100个县（市、区），首期筹集补偿资金20.91亿元，成为欠发达地区生态补偿资金筹集力度最大的省份。2015年8月江西推进生态文明先行示范区建设的首个专项规划，《昌铜高速生态经济带总体规划》获省政府正式批复。2016年底，在全省生态文明示范区建设现场推进会上，宣布实行省市县乡村五级河长制。2016年江西省获批为国家首批生态文明试验区；2017年10月，《国家生态文明试验区（江西）实施方案》正式获得国家批准通过。

三、九江生态文明建设与实践

1. 强化九江生态文明建设的顶层设计

九江市及时出台了《关于贯彻落实〈中共江西省委江西省人民政府关于贯彻落实《国家生态文明试验区（江西）实施方案》的意见〉的实施细则》；制定了《九江市"十三五"节能减排综合工作方案》《关于严格实行能源消耗总量和强度双控方案》。对《九江市生态文明建设2017年工作要点》提出的60项具体工作任务逐一分解落实，实现任务项目化、项目清单化、清单责任化。围绕水生态文明建设和城乡环境整治，制定了《九江市水权试点工作方案》《九江市水污染防治工作方案》《九江市黑臭水体整治方案》《九江市城乡环境综合整治实施意见》《九江市贯彻落实省环境保护督察组督察反馈意见整改方案》《九江市全面整治矿产资源开发秩序实施方案》等文件。围绕大气污染防治，制定了《九江市大气污染防治行动计划实施方案》及工业企业大气污染集中整治等六个专项实施方案和《九江市大气污染防治考核办法（试行）》。2017年5月1日正式实施《九江市城区烟花爆竹燃放管理条例》地方法规。

2. 实施"净空、净水、净土"行动

在"净空"方面，与南昌市和湖北黄冈市签订了大气联防联控协议，同时启动了区域大气污染环境监测工程，自2017年7月1日起，市气象台对九江市城区空气质量实行预报制度。同时全面整治了燃煤小锅炉，推进重点行业治污，火电行业全部完成了脱硫脱硝除尘改造；加大对水泥行业脱硝、除尘项目改造力度；推进挥发性有机物污染治理；综合整治城市扬尘，实施创建"绿色文明施工工地工程"；加快淘汰黄标车和老旧车辆。在"净水"方面，正在加快建设环鄱阳湖11个建制镇的污水处理设施，在市区的河西水厂、河东水厂以及都昌、庐山、永修、彭泽、湖口饮用水源地均建设了水质自动监测站。同时对九江市黑臭水体整治方案的琵琶湖、龙开河开展了监测。市中心城区生活污水集中处理率达97.67%，全市城镇生活污水集中处理率达78.02%。在"净土"方面，推进农村生活垃圾整治，农村生活垃圾处理设施按规划建设或完善达到70%以上。中心城区垃圾无害化处理率达100%，农村垃圾无害处理率达80%。同时，还加强了固体废物（含危险废物）和危险化学品生产企业调查及监督管理工作。

3. 积极探索"绿水青山转变成金山银山"的新路子

2017年5月，长江沿线24个城市在九江签署了《长江沿线城市市长共识》，形成治理和发展上的合力。实施城市"绿肺"工程、园区生态宜业工程、乡村生态富民工程，构建九江特有的"城在林中、水在城边、路在绿中、房在园中、人在景中"的城市森林景观；将新农村绿化与生态建设、产业发展相结合，采取村庄绕绿、见缝插绿、庭院培绿等措施，实施宜林则林、宜茶则茶、宜花则花、宜果则果，建成了一批油茶、花卉苗木、黄栀子药材、早熟梨等生态富民产业基地。重点围绕"山水文化城、森林新九江"的建设理念，推进森林城市建设，九江市区获批"国家森林城市"称号；全市11个县（市）全部成功创建省级森林城市，成为江西省第一个省级森林城市全覆盖的设区市。全市建成省级以上森林公园22个，其中国家级8个、省级以上森林公园数量占全省的13.2%；建成省级以上自然保护区9个，其中国家级3个、省级6个，省级以上自然保护区数量占全省的18%；建成省级以上湿地公园11个，其中国家级3个、省级以上湿地公园数量占全省的15.9%。

4. 探索生态文明管理的新路子

一是完善考核体系，将生态文明建设纳入各县（市、区、山）科学发展综合考核评价体系，并不断加大生态建设考评的分值。2017年生态文明建设考评分值从上年度的20分提升至27分，在考核评价体系总分中的占比由12.5%提升至13.5%，通过加大生态指标权重，进一步完善激励机制，健全考核体系，促进县域经济良性发展。二是全面推行"河长制"，建立了市县乡村全覆盖、江河湖库全纳入、区域与流域相结合的"河长制"组织体系。三是在河长制的基础上，武宁县还在全省率先探索建立县乡村三级"林长制"，推动林业改革从"山定权、树定根、人定心"向"山更青、权更活、民更富"纵深发展。目前九江市已成功创建国家级生态乡镇27个、国家级生态村1个、省级生态乡镇85个、省级生态示范县4个（武宁县、共青城市、修水县、都昌县），共有10个村入选江西省第六批省级生态村；长江九江段、修河水质和鄱阳湖出口断面水质达Ⅲ类标准。

5. "生态+"理念融入产业发展

一是大力实施"新工业十年行动"，通过集聚集群、技改扩能、并购重组、跨界融合，促进传统企业转型升级。二是设立工业发展基金和绿色产业发展基金，重点用于支持企业技改扩能、园区发展循环经济、新兴产业做大做强，有力促进了全市工业结构的调整和质量的提升。三是大力发展了生态农业。通过积极转变农业发展方式，优化农业生产布局，延伸农业产业链条，大力推进特色果蔬、花卉苗木、茶叶、油茶等特色产业的绿色化、标准化、品牌化发展，打造了修水万亩宁红茶示范园区、都昌万亩鄱湖三宝农业科技示范园、共青城国家农业产业化示范基地等一批现代农业示范园区和特色农产品基地。目前，九江市已有高标准示范园区面积达 3 000 亩以上，省级现代农业示范园区达 9 家。四是拓展全域旅游，2017 年 7 月，庐山西海获评"国家体育旅游示范基地"，为全国首批、江西唯一获此殊荣的景区。

第五节 九江区域区位特征分析

一、九江的地理位置——神奇的北纬30°

北纬30°线贯穿四大文明古国，附近有神秘的百慕大三角，著名的埃及金字塔，传说中沉没的大西洲，世界最高峰珠穆朗玛峰等，世界几大河流，埃及的尼罗河、伊拉克的幼发拉底河、中国的长江、美国的密西西比河，均是在北纬30°线入海。这条神奇的纬线区域汇聚了珍贵的世界遗产、神秘的自然现象和秀美自然风光，成为最引人关注的纬度地带。

北纬30°横贯整个中国大陆腹地，九江位于江西省北部，长江之南，地处这条神奇的纬度区域。属于亚热带湿润季风气候，季节分明，气候温和，雨量充沛，日照充足。全市山地占总面积的 16.4%，丘陵占 44.5%，湖泊占 18%，耕地 365.22 万亩，俗称"六山二水分半田，半分道路和庄园"。九江集名山（庐山）、名江（长江）、名湖（鄱阳湖）于一体，生态秀美，人杰地灵，有丰富的自然生态资源。

二、九江的区位交通——七省通衢

由于得舟楫之便，加上物产丰富，九江自古就是通都大邑，是人员流动和物产流动的中心城市，是长江中游重要的物资集散地，号称"三江之口，七省通衢"，曾是中国的"四大米市""三大茶市"之一。

九江位于长江、京九铁路两大经济开发带交叉点,是长江中游区域中心港口城市,为中国首批5个沿江对外开放城市之一。从长江流域的格局看,九江地处赣、鄂、湘、皖4省交界地,属于长江经济带的中游城市群,是东部沿海开发向中西部推进的过渡地带,特殊的地理区位有利于加强九江与鄂、皖相邻地区在多个领域开展深度合作。从京九铁路沿线看,九江是唯一的水陆交通枢纽,沟通东西南北,随着高铁线路的建设完成,九江将形成一个完整、成熟的水陆交通运输网。

从江西省的发展看,九江是唯一通江达海的外贸港口城市,是长江水运第四大港口,江西省第一大港口,国家一类口岸,年通过力5 000万吨。是联结全省与长江开发带和沿海开放带的"北大门"(见图1-1)。九江是昌九工业走廊中重要的一极,是南昌一小时经济圈中重要的城市。随着昌九一体化的不断推进和深化,九江作为"北大门"的作用会进一步凸显,以南昌大都市核心区、九江都市区核心区为两极,赣江新区、抚州、丰城-樟树、高安等城市为增长极,依托轨道网络、高速公路和城际快速通道组成的交通走廊为骨架,构筑昌九城镇密集发展内走廊。

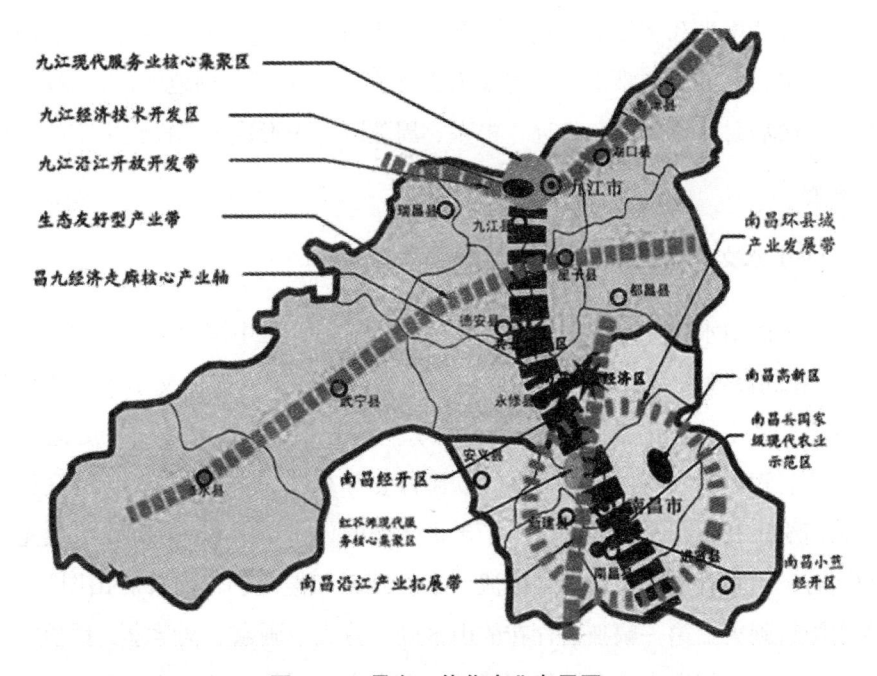

图1-1 昌九一体化产业布局图

九江同时还是鄱阳湖生态经济区重要城市。环鄱阳湖城市群，是以鄱阳湖为核心，由环绕鄱阳湖的城市组成，希望通过逐步建立高度完善的城市网络体系，形成人流、物流、信息流的通道，对外发挥连接东西、贯通南北连接内陆地区的巨大作用，打造具有地方特色的长江中游城市群。鄱阳湖水域面积有三分之二在九江，将成为推进环鄱阳湖生态经济区建设的重点区域，这一地理条件，有利于九江抓住发展机遇，发挥生态优势，推动城市综合发展，提升城市竞争力，成为鄱阳湖生态经济区重要增长极。

三、九江的历史沿革——千年历史名城

九江简称"浔"，古称浔阳、柴桑、江州，是一座有着2200多年历史的江南文化名城，一度成为军事重镇及商业、文化交流中心。九江之称最早见于《尚书·禹贡》中"九江孔殷""过九江至东陵"等记载。夏、商时期，九江就已经有了开发历史，秦始皇划天下为三十六郡，其中便有了九江郡。

悠久的历史和多年来的建设发展，在九江形成了丰富的特色文化资源。千百年来，无数文人雅士、墨客骚人都在九江留下了深刻地印记，陶渊明、李白、白居易、苏东坡、慧远、朱熹、周敦颐……形成了多样化丰富的文化底蕴。

1. 山水文化源远流长

庐山的山水文化是中国山水文化的精彩折射，是中国山水文化的历史缩影，"苍润高逸，秀出东南"的庐山，自古以来深受众多的文学家、艺术家的青睐，庐山的文化旅程始于司马迁的"南登庐山"并记之于《史记》之后。随后陶渊明、李白、白居易、欧阳修、苏东坡、陆游、唐伯虎等文化艺术家们纷来沓至，于此处都留下了千古传扬的佳作。山水诗在庐山大放光彩的同时，山水画亦在庐山一展风流，东晋画家顾恺之创作的《庐山图》，成为中国绘画史上第一幅独立存在的山水画。诗人、画家、文学家、哲学家们的心灵审视，创造出众多散发着特别浓郁人文氛围的历史遗迹，形成了庐山

独特的文化气息。

2. 宗教文化深厚浓郁

九江古刹名寺林立，宗教名士辈出。既有被列为全国汉传佛教保护寺庙的东林寺、真如寺、能仁寺等，还有距今600多年历史的三清殿道场和长江中下游保存最为完整、规模最大的九江修道院旧址和天主教堂。庐山宗教文化的独特性则在于"一山藏六教"，六教聚集却还能和谐相处。

宗教在庐山的兴盛始于公元四世纪。高僧慧远兴建东林寺，首创"弥陀净土法门"，至此中国佛教南方中心的形成，庐山成为净土宗始创之地。正当佛教在庐山蓬勃兴盛的时候，道教祖师陆修静也来庐山开辟道场，并创立了道教灵宝派，庐山道教由此而迅速发展。开始了佛、道两家在庐山共争共荣的局面。加上基督教（新教）、天主教、东正教、伊斯兰教，与佛道两家共同铸造了九江深厚浓郁的宗教文化。

3. 书院文化浓厚芬芳

九江的古代书院以德安陈家族式书院——东佳书堂、理学鼻祖周敦颐创办的——濂溪书院、理学集大成者朱熹重建的——白鹿洞书院为主要代表。其中以白鹿洞书院最为著名。南唐昇元四年（940），李氏朝廷在庐山建立学馆，号称"庐山国学"，亦称白鹿国庠、白鹿国学、匡山国子监。庐山国学比曾被确认为世界最早的埃及爱兹哈尔大学还早半个多世纪。北宋初年扩建并更名"白鹿洞书院"。北宋中期，朱熹有志于教育事业和传播理学，在他3年任期内，大力复兴白鹿洞书院，以此作为他兴办教育和传播理学的圣地，成为"四大书院"之一，并被誉为"海内书院第一""天下书院之首"。传统书院文化的形成和发展代表了九江传统人文教育理想，体现强烈的人文价值关怀，是中华文明的延续和发展。

第六节　九江开展生态文明建设面临的挑战

绿色生态是九江的特色、本色、底色和发展的最大潜力，九江生态优势明显，为长江中下游地区著名的鱼米之乡。森林资源非常丰富，森林覆盖率达56%，公益林保护面积42.31万公顷，良好的森林系统为江西生物多样性奠定了基础。年降雨量充足，水资源丰富，湿地保有量保持26.48万公顷；水域面积占国土面积的18%，人均淡水资源是全国的4倍。同时，鄱阳湖也发挥着巨大的调蓄洪水、调节气候、和保护生物多样性等生态服务功能，有效改善了生态环境。这些都为九江生态文明建设提供了良好的基础。

同时，我国经济发展已经进入"新常态"攻坚期，经济仍处于后金融危机时代的复苏和变革时期。这些大环境的变化，也为九江开展生态文明建设仍然面临诸多挑战。

（1）新常态下的中高速发展背景与九江快速发展的现实需求之间的矛盾。传统产品市场日趋饱和，使简单再生产的扩大受到抑制，创新驱动的贡献开始大于要素驱动的贡献；传统要素对经济增长的边际贡献明显降低，依靠要素投入增加，推动经济增长的老常态已经结束；劳动力优势供给已临界拐点，红利逐渐减少；环境的关注度、重要性日益强化，产业布局正由原料指向、市场指向转变为环境指向。依靠持续的、集群式的、系统性、多领域技术突破，才能有效推动产业革命，从而产生新一轮经济上升周期。2015年的全市三次产业结构为7.4∶53.3∶39.3，可以看出第二产业主导地位仍然突出。

（2）建设生态文明先行示范区与承接产业转移、传统产业为主导的现实之间的矛盾。传统工业增长模式已难以为继，九江传统产业结构特征受到进一步挤压；创新力度不够，传统的比较优势日趋弱化；靠增量支撑的快速发展，面临新一轮挑战；以国内市场为主和特殊的区位市场优势，面临东部省市"调头"和网格化营销模式的双重挤压；企业单打独斗的产业形态面临发达省市集群化、全产业链优势的深度挤压。全市规模以上工业增加值达到1 035.6亿元；规模以上工业主营业务收入达到5 109.2亿元。2015年规模以上工业企业1 259户，总数稳居全省第一；主营业务收入超10亿元的企业66户，超亿元的企业850户。

（3）九江经济及整体实力发展相对滞后，面对经济发展升级、区域竞争加剧的严峻态势，亟待构建区域竞争优势。步入新常态的过程中，由于经济及整体实力发展相对滞后,九江工业发展在核心技术层面上将面临更大约束。在当前低端市场饱和、高端市场缺乏核心竞争力的情况下,技术壁垒的增强,以低成本获得先进技术的空间正在缩小,要求我市必须在十三五时期的转型升级中寻找新的增长动力。同时,我市工业自主创新体系尚未完全形成,技术创新能力还比较弱,亟须增强区域创新能力,构建区域竞争优势。2015 年,全市研发(R&D)经费占 GDP 比重仅为 0.9%。

(4)县区发展不平衡、城乡发展不平衡问题。县域经济在城乡一体化体系中具有承上启下的重要作用。由于自然条件、历史发展、政策要素等原因,导致我市县区发展不平衡、城乡发展不平衡问题仍然不同程度的存在。全面建设小康社会需要缩小县区之间、城乡之间的差距。"十三五"期间,我市需要进一步通过体制机制创新,破解制约县域经济发展的城乡二元结构;加强基础设施和公共服务设施建设,增强要素的集聚效应;推进城乡基本公共服务领域,增强城镇吸纳农村剩余劳动力能力。2015 年,全市经济总量仅为全省 1/11,成为全省绿色崛起的双核之一仍然任重道远。

第二章

九江生态文明建设综合评价

第一节 生态文明评价体系国内外研究进展

一、从可持续发展到生态文明

自20世纪末以来，工业文明带来的生态破坏与环境污染，极大地震撼了人类，引发对未来发展的忧虑，并逐渐从改造自然、利用自然的思潮中开始反思。"人类环境宣言""世界环境日""里约热内卢宣言""21世纪行动议程"等标志性事件的发生，使可持续发展的思潮在全世界得到共识，由此引发的关于可持续发展的度量与核算研究也成为科研界的热点。

1. 国外可持续发展指标体系

国外关于可持续发展的指标体系研究，比较有代表性的有联合国可持续发展委员会（UNCSD）提出的"压力、状态、响应"模型、联合国统计局（UNSTATA）可持续发展指标体系、联合国环境规划属提出的可持续发展指标体系、世界银行新国家财富指标体系、世界资源所的绿色GNP体系（见表2-1）。

表2-1　　　　　　　　国外典型可持续发展指标体系

机构名称	指标名称	具体内容
联合国可持续发展委员会（UNCSD）	"压力、状态、响应"模型	从经济、社会、环境和制度四个方面构建可持续发展评价体系，共25个子系统142项指标。1999年后，UNCSD对其进行修改，新框架包括15类39个子项
联合国统计局（UNSTATA）	可持续发展指标体系	从社会经济活动和事件、影响和效果、对影响的响应以及储量、存量和背景条件四个方面设置31个指标。指标设置基本对应驱动力、状态、响应三个方面
联合国环境规划署（UNEP）	可持续发展指标体系	设置人口、资源、环境、经济、社会等多方面共25个指标，以加权平均法计算可持续发展综合指数，注重人类活动和环境之间的相互作用
世界银行	国家财富指标体系	首次将无形资本纳入体系，从生产资本、自然资本、人力资源和社会资本四大方面构建评价体系
世界资源研究所（WRI）	绿色GNP体系	从GNP指标中减去资源环境的消耗值，对其进行"绿色"修正

2. 国内可持续发展指标体系

国内可持续发展指标体系相关研究中，有代表性的有国家环保总局基于"压力、状态、响应"模型构建的城市判定指标体系、中科院可持续发展指标体系、国家统计局和21世纪管理中心指标体系（见表2-2）。

表2-2　　　　　　　　国内典型可持续发展指标体系

机构名称	指标名称	具体内容
国家环保总局	基于"压力、状态、响应"模型构建的城市判定指标体系	从经济发展、社会发展、环境与资源指标体系、域外影响与可持续发展指标体系四个方面，通过对环境、资源等描述性指标的货币化，将其综合成为综合性的单一指标：真实储蓄率
中国科学院	可持续发展度指标体系（DSD）	将可持续发展总系统解析为生存、发展、环境、社会和智力五大支持系统，并用45个指数加以代表，以及219个指标对其定量描述
国家统计局和中国21世纪管理中心	可持续发展指标体系	从经济、社会、人口、资源、环境和科教六大系统设置196个描述性（现状）和100个评价性（变化趋势）两类指标

二、我国生态文明指标体系研究概述

通过文献搜索及分析,当前的生态文明指标体系主要是基于层次框架构建的多层次评价指标体系,本研究按照维度的不同,对现有研究总结见表2-3。

表2-3　　　　　　　　我国生态文明指标体系研究分类

维度	具体表述
三维度	(1) 生态经济、生态环境和社会文化(董红丹等,2016) (2) 自然生态环境指标、经济发展指标、社会进步指标(蒋小平,2008) (3) 生态物质文明、生态环境文明和生态精神文明(河南省生态文明评价指标体系研究)(安国安,2016)
四维度	(1) 生态文明状态、生态文明压力、生态文明整治、生态文明支撑(何天祥等,2011) (2) 生产文明、生活文明、环境文明和意识文明(孙丽姗,2015) (3) 资源条件、生态环境、经济效率、社会稳步发展(张欢等,2013) (4) 生态经济、生态集聚、生态涵养、生态文化(张梅等,2013) (5) 生态经济、生态社会、生态环境、生态文化(黄昶生等,2014)
五维度	(1) 生态经济文明、生态社会文明、生态环境文明、生态文化文明与生态制度文明(关海玲等,2014) (2) 生态经济、生态环境、生态人居、生态制度以及生态文化(陈胜东等,2015) (3) 生态自然建设、生态经济建设、生态社会建设、生态政治建设、生态文化建设(齐心,2013)
六维度	生态空间、生态经济、生态环境、生态生活、生态制度、生态文化(朱广庆,2014)
七维度	生态文明规划、和谐社会建设、生态宜居城镇、生态经济发展、生态文化建设、生态文明制度和生态环境保护(徐元莉等,2015)

三、生态文明评价具体指标频度分析

按照国内已有相关研究,借鉴朱广庆(2014)的相关研究成果,有关生态文明指标体系出现频度可见表2-4。

表 2-4　　　　　我国生态文明具体指标出现频度分析

序号	具体指标	序号	具体指标
1	万元 GDP 能耗（标准煤）	16	工业用水重复利用率
2	人均 GDP	17	区域环境噪声达标率
3	城市污水处理率	18	城镇居民年人均可支配收入
4	城市垃圾无害化处理率	19	服务业增加值占 GDP 的比重
5	城市空气质量优良率	20	污染治理投资占 GDP 比例
6	森林覆盖率	21	自然保护区面积占省辖面积的比例
7	工业固废综合利用率	22	农药使用强度
8	饮用水源达标率	23	居民的平均期望寿命
9	清洁能源使用率	24	人均公共绿地面积
10	万元 GDP 水耗	25	化肥使用强度
11	城市园林绿化覆盖率	26	单位土地产出值
12	COD 排放强度	27	基尼系数
13	环保宣传教育普及率	28	R&D 经费支出占 GDP 的比重
14	恩格尔系数	29	绿色 GDP 比重
15	公众对环境保护满意率	30	人均受教育年限

第二节　九江生态文明建设指标体系

一、选取原则

1. 求真务实原则

对生态文明城市战略目标的制定，要充分考虑九江市国民经济发展和环境特点，从实际情况出发，提出适宜的生态文明发展战略、建设抓手和实施手段。

2. 定性与定量相结合原则

定量方法必须与定性评价相结合,特别是在评价标准的确定上,只有依据定性分析才有可能正确把握量变转化为质变的"度",也才能对生态文明城市战略目标进行科学合理的把握。

3. 承前启后原则

对生态文明指标的制定需要承接已有的生态市的建设指标,由于两项规划的区别,指标体系存在差别,但是需要基于生态市的现有指标体系,同时强调自身的独特性。指标上的承前启后最终落实到建设中,才能够使得两个规划的抓手能够很好地过渡和融合。

4. 理论与实践相结合原则

生态文明战略目标的建立,首先要求相应的指标体系和监测标准必须具有科学性和系统性,但同时又应该与现实数据采集的可操作性相结合。单纯追求指标体系和监测标准的科学性和系统性,忽视现实数据采集的可操作性,指标体系和监测标准无异于空中楼阁;片面考虑现实数据采集的可操作性,忽视指标体系和监测标准的科学性和系统性,也形同南辕北辙。

二、指标选取

根据上述指标选取原则,基于社会、经济、自然复合生态系统理论,同时综合指标可选性、可比性、可量化性,特别是数据可得性,本研究从生态环境、生态经济、生态文化三个维度,选取21个指标,对九江生态文明建设展开评价,具体指标体系见表2-5。

表2-5　　　　　　　　九江生态文明建设指标体系

目标层	准则层	指标层	指标属性
生态文明	生态环境指标	城市污水处理率（%）	正指标
		城市空气质量优良率（%）	正指标
		城市建成区绿化覆盖率（%）	正指标
		自然保护区面积占所辖面积的比例（%）	正指标
		化肥使用强度（千克/公顷）	负指标
	生态经济指标	万元GDP能耗（吨标准煤/万元）	负指标
		人均GDP（元/人）	正指标
		工业固废综合利用率（%）	正指标
		万元GDP水耗（吨/万元）	负指标
		城镇居民年人均可支配收入（元/人）	正指标
		服务业增加值占GDP的比重（%）	正指标
		单位土地产出值（万元/平方公里）	正指标
		R&D经费支出占固定资产投资的比重（%）	正指标
	生态文化指标	每万人拥有大学生数（人）	正指标
		每万人拥有医院床位数（张）	正指标
		每万人拥有医生数（人）	正指标
		每百人拥有图书馆藏书数（册）	正指标

三、指标解释

1. 城市污水处理率（%）

指标解释：指城市污水处理量与污水排放总量的比率。

计算方法：城市污水处理率=（城市污水处理量/城市污水排放总量）×100%

2. 城市空气质量优良率（%）

指标解释：指该地区空气质量指数（AQI）达到优良的天数占全年天数

的比例。空气质量指数（AQI）计算方法参考《空气质量指数（AQI）技术规范（试行）》。

计算方法：城市空气质量优良率＝（空气质量指数达优天数/全年天数）×100%

3. 城市建成区绿化覆盖率（%）

指标解释：建成区绿化覆盖率指在城市建成区的绿化覆盖面积占建成区的百分比。绿化覆盖面积是指城市中乔木、灌木、草坪等所有植被的垂直投影面积。

计算方法：城市建成区绿化覆盖率＝（城市建成区的绿化覆盖面积/建成区面积）×100%

4. 自然保护区面积占所辖面积的比例（%）

指标解释：指辖区内各类自然保护区总面积占土地总面积的比例。

计算方法：自然保护区面积占所辖面积的比例＝（各类自然保护区总面积/土地总面积）×100%

5. 化肥使用强度（千克/公顷）

指标解释：化肥施用强度是指本年内单位面积耕地实际用于农业生产的化肥数量。化肥施用量要求按折纯量计算。折纯量是指将氮肥、磷肥、钾肥分别按含氮、含五氧化二磷、含氧化钾的百分之百成分进行折算后的数量。

计算方法：化肥使用强度＝（农作物化肥使用总量折纯/播种面积）×100%

6. 万元 GDP 能耗（吨标准煤/万元）

指标解释：万元国内生产总值的耗能量。
计算方法：万元 GDP 能耗＝总能源消耗的标准煤当量/国内生产总值

7. 人均 GDP（元/人）

指标解释：是衡量经济增长最合适的指标之一，该指标理想值可以区域内最高值或全国最高值为参照依据。

计算方法：人均 GDP = 地区 GDP 值/地区人口数量

8. 工业固废综合利用率（%）

指标解释：工业固体废物综合利用率指工业固体废物综合利用量占工业固体废物产生量的百分率。

计算方法：工业固体废物综合利用率 = 工业固体废物综合利用量÷（工业固体废物产生量 + 综合利用往年贮存量）×100%

9. 万元 GDP 水耗（吨/万元）

指标解释：是水资源管理的一项重要指标。

计算方法：万元 GDP 水耗 =（总用水量/国内生产总值）×100%

10. 城镇居民年人均可支配收入（元/人）

指标解释：是指反映居民家庭全部现金收入能用于安排家庭日常生活的那部分收入。它是家庭总收入扣除缴纳的所得税、个人缴纳的社会保障费以及调查户的记账补贴后的收入。

计算方法：人均可支配收入 =（家庭总收入 – 缴纳的所得税 – 个人交纳的社会保障支出 – 记账补贴）/家庭人口

11. 服务业增加值占 GDP 的比重（%）

指标解释：第三产业增加值占国内生产总值的比重。

计算方法：服务业增加值占 GDP 的比重 =（第三产业增加值/GDP）×100%

12. 单位土地产出值（万元/平方公里）或者称为：土地开发强度

指标解释：单位土地产出值即每平方公里土地上的国内生产总值产出率。

计算方法：单位土地产出值 = 国内生产总值/辖区总面积

13. R&D 经费支出占固定资产投资的比重（%）

指标解释：指在产品、技术、材料、工艺、标准的研究、开发过程中发生的各项费用占 GDP 数额的比重。

计算方法：研发经费占 GDP 比重 =（研发经费/GDP）×100%

14. 每万人拥有大学生数（人）

指标解释：用于表征地区高等教育的整体水平。

计算方法：每万人拥有大学生数 = 获得大学文凭以上的人数总额/地区人口总额/10 000

15. 每万人拥有医院床位数（张）

指标解释：每万人口医院床位数是用来说明一个地方医疗资源的情况。

计算方法：每万人拥有医院床位数 = 医院床位总数/总人口数

16. 每万人拥有医生数（人）

指标解释：用于表征人均享有的医疗资源。

计算方法：每万人拥有医生数 = 地区医生总人数/地区总人口

17. 每百人拥有图书馆藏书数（册）

指标解释：用于表征人均获得图书资源的程度。

计算方法：每万人拥有图书馆藏书数 = 地区图书馆藏书总数/地区人口总数

四、数据来源

分析数据主要来源是 2010~2015 年的《九江市统计年鉴》《中国城市统计年鉴》《九江市环境质量公报》《九江市国民经济与社会统计公报》（见表 2-6）。

表 2-6 九江生态文明指标体系指标值（2010~2015年）

目标层	准则层	指标层	2015年	2014年	2013年	2012年	2011年	2010年
生态文明指标体系	生态环境指标	城市生活污水处理率（%）	99.5	99.5	87.8	97.2	82.4	95.6
		城市空气质量优良率（%）	83.8	84.1	93.7	99.4	99.5	99.5
		城市建成区绿化覆盖率（%）	55.2	52.4	51.9	51.7	57.4	57
		自然保护区面积占所辖面积的比例（%）	7.0	7.6	7.6	7.7	7.7	6.6
		化肥使用强度（千克/公顷）	292	292	649	648	650	682
	生态经济指标	万元GDP能耗（吨标准煤/万元）	0.675	0.696	0.761	0.790	0.787	0.801
		人均GDP（元/人）	39 505	37 097	33 631	29 817	26 570	21 825
		工业固废综合利用率（%）	60.9	60.6	47.4	47.9	53.7	60.4
		万元GDP水耗（吨/万元）	4.4	4.6	5.1	5.4	6.1	8.4
		城镇居民年人均可支配收入（元/人）	27 635	25 077	22 504	20 330	179 111	15 764
		服务业增加值占GDP的比重	39.3	37.3	0.4	0.3	0.3	0.3
		单位土地产出值（万元/平方公里）	997.3	933.0	839.6	754.4	667.5	548.3
		R&D经费支出占固定资产投资的比重（%）	1.9	2.2	3.1	2.8	3.2	3.2
	生态文化指标	每万人拥有大学生数（人）	184	173	166	164	152	141
		每万人拥有医院床位数（张）	49	30	28	25	27	25
		每万人拥有医生数（人）	17	17	18	16	16	15
		每百人拥有图书馆藏书数（册）	43.9	41.8	38.5	49.7	37.8	32.0

第三节　九江生态文明建设评价方法

生态文明建设指标体系分析主要采用层次分析法。层次分析法是20世纪70年代由美国运筹学家萨蒂（T. L. Saaty）提出的，经过多年的发展现已成为一种较为成熟的方法。其基本原理是：将要评价系统的有关替代方案的各种要素分解成若干层次，并以同一层次的各种要素按照上一层要素为准则，进行两两判断比较并计算出各要素的权重，根据综合权重按最大权重原则确定最优方案。它是在简单加性加权法的基础上推导得出的。

一、建立递阶层次结构

应用AHP解决实际问题，首先明确目标；接下来分析影响目标决策的各个因素，并将它们之间的关系条理化、层次化；最后，用线将各个层次、各个因素间的关系连接起来就构成了递阶层次结构。

通常，递阶层次结构包括以下三个基本层次：

（1）目标层：通过分析，明确目标是什么，将其作为最高层的元素，必须是唯一的，如：选择最合适的供应商。

（2）准则层：也即中间层，元素包含所有可能影响目标实现的准则，且会随着问题的复杂程度增多。这时，需要详细分析各准则元素间的相互关系（是同级关系还是隶属关系）。如果是隶属关系，则需要构建子准则层甚至更下一层准则。

（3）措施层：也即方案层。分析解决问题的方案有哪些，并将其作为最底层因素。

二、构造判断矩阵并赋值

（1）构造判断矩阵：将每一个具有向下隶属关系的元素作为判断矩阵

的第一个元素（位于左上角），隶属于它的各个元素依次排列在其后的第一行和第一列。

（2）填写判断矩阵：最常用的方法是咨询专家，将两个元素两两比较，按照重要性程度表赋值（见表2-7）。

表2-7　　　　　　　　　　重要性标度含义表

重要性标度 a_{ij}	含义（针对 i，j 两个元素相比）
1	前者 i 和后者 j 具有同等重要性
3	前者 i 比后者 j 稍重要
5	前者 i 比后者 j 明显重要
7	前者 i 比后者 j 强烈重要
9	前者 i 比后者 j 极端重要
2，4，6，8	表示上述判断的中间状态对应的标度值
以上数值的倒数	若元素 i 与元素 j 的重要性之比为 a_{ij}，则元素 j 与元素 i 的重要性之比为 $a_{ji}=1/a_{ij}$

设填写后的判断矩阵为 $A=(a_{ij})_{n\times n}$，判断矩阵具有如下三个性质：$a_{ii}=1$；$a_{ji}=1/a_{ij}$；$a_{ij}>0$。

三、层次单排序与检验

1. 层次单排序

利用数学方法将专家填写后的判断矩阵进行层次排序。层次单排序是将每一个因素对于其准则的重要性进行排序，实际就是计算权向量。计算权向量有特征根法、和法等，以下详细介绍特征根法的计算方法。

（1）计算判断矩阵每一行元素的乘积。

$$M_i = \prod_{j=1}^{n} a_{ij}$$

式中：

M_i：第 i 行各元素的乘积；

a_{ij}：第 i 个元素与第 j 个元素的关系比值。

（2）计算 M_i 的 n 次方根。

$$W_i = \sqrt[n]{M_i}$$

式中：

W_i 第 i 行各元素的乘积的 n 次方根；

M_i 第 i 行各元素的乘积；

C. 对向量正规化（归一化处理）。

$$\vec{W}_i = \frac{W_i}{\sum_{i=1}^{n} W_i}$$

式中：

$\vec{W}_i$ 特征向量；

W_i 第 i 行各元素的乘积的 n 次方根；

D. 计算判断矩阵的特征根。

$$\lambda_i = \sum_{j=1}^{n} a_{ij} \vec{W}_j$$

式中：

λ_i 第 i 个特征根；

a_{ij} 第 i 个元素与第 j 个元素的关系比值；

$\vec{W}_j$ 第 j 个特征向量；

E. 计算判断矩阵的最大特征根。

$$\lambda_{max} = \sum_{i=1}^{n} \frac{\lambda_i}{n \times \vec{W}_i}$$

式中：

λ_{max} 最大特征根；

λ_i 特征根；

n 判断矩阵的阶数；

$\vec{W}$ 特征向量。

2. 层次单排序一致性检验

需要特别注意：在层层排序中，要对判断矩阵进行一致性检验。判断矩阵唯有通过检验，才能说明其逻辑上是合理的，才能继续对结果进行分析，否则没有意义。

设每个指标的权数为 ω_i，得分为 f_i。故综合评分为 $F = \sum_{i=1}^{n} \omega_i f_i$。

一致性检验分为下面三个步骤：

（1）计算一致性指标 C. I. （consistency index）

$$C. I. = \frac{\lambda max - n}{n - 1}$$

（2）确定平均随机一致性指标 R. I. （random index）。

按照各个判断矩阵的不同阶数（即 n）查表 2 - 8，确定相应的平均随机一致性指标 R. I.。例如，当判断矩阵为 3 阶时，R. I. = 0.58。

表 2 - 8　　　　　　平均随机一致性指标 **R. I.** 表

矩阵阶数（n）	1	2	3	4	5	6	7	8	9	10
R. I.	0	0	0.58	0.90	1.12	1.24	1.32	1.41	1.45	1.49

（3）计算一致性比例 C. R. （consistency ratio）并进行判断。

$$C. R. = \frac{C. I.}{R. I.}$$

当 C. R. < 0.1 时，判断矩阵的一致性是可以接受的，即各元素间关系是符合逻辑的；C. R. ≥ 0.1 时，判断矩阵不符合一致性要求，即各元素间关系存在某些不符合逻辑的现象，需要重新修正该判断矩阵。

四、层次总排序与检验

1. 层次总排序

总排序是计算最底层各因素针对目标层的相对权重，采用从上至下的方法，逐层计算得出的。

假设已算出第 n - 1 层 h 个元素相对于目标层的权重 $W^{(n-1)} = (w_1^{(n-1)},$

$w_2^{(n-1)}$, $\cdots$, $w_h^{(n-1)})^T$,第 n 层 k 个元素对于上一层（第 n-1）层第 j 个元素的单排序权重是 $p_j^{(n)} = (p_{1j}^{(n)}, p_{2j}^{(n)}, \cdots, p_{kj}^{(n)})^T$,其中与 j 无关的元素的权重为零。令 $P^{(n)} = (p_1^{(n)}, p_2^{(n)}, \cdots, p_k^{(n)})$,表示第 n 层元素对第 n-1 层个元素的排序,则第 n 层元素对于总目标的总排序为:

$$W^{(n)} = (w_1^{(n)}, w_2^{(n)}, \cdots, w_k^{(n)})^T = P^{(n)} W^{(n-1)}$$

2. 层次总排序一致性检验

同层次单排序一样,总排序也需要进行一致性检验。步骤如下:

A. 计算总一致性指标 C. I.

假定已算出针对第 n-1 层第 j 个元素为准则的 $C.I._j^{(n-1)}$、$R.I._j^{(n-1)}$ 和 $C.R._j^{(n-1)}$,j = 1,2,$\cdots$,m,则第 n 层的综合检验指标

$$C.I._j^{(n)} = (C.I._1^{(n-1)}, C.I._2^{(n-1)}, \cdots, C.I._m^{(n-1)}) W^{(n-1)}$$

确定平均随机一致性指标 R. I.

$$R.I._j^{(n)} = (R.I._1^{(n-1)}, R.I._2^{(n-1)}, \cdots, R.I._m^{(n-1)}) W^{(n-1)}$$

计算总一致性比例

$$C.R.^{(n)} = C.I.^{(n)} / R.I.^{(n)}$$

当 $C.R.^{(n)} < 0.1$ 时,认为判断矩阵的整体一致性是可以接受的。

五、结果分析

根据前述研究,按照研究分析结果,进行排序,优选得出最佳的生态文明建设评价指标体系。

第四节　九江生态文明建设水平综合分析

一、数据预处理

从上文可知,人口生态位由 17 指标构成,将每个指标记为 $\{x_{ij}\}$,其

中 i 表示评价指标，j 表示不同地区。除化肥使用强度、万元 GDP 能耗、万元 GDP 水耗为负向指标外，其余指标均为正向指标，对正向指标按照公式 1 进行处理，对逆向指标按照公式 2 进行处理。经过归一化处理后，各指标取值取值范围将被限定在 [1-2] 之间，且均转化为正向指标。

$$x_{ij}^* = \frac{x_{ij} - \min x_{ij}}{\max x_{ij} - \min x_{ij}} + 1 \qquad (2-1)$$

$$x_{ij}^* = \frac{\max x_{ij} - x_{ij}}{\max x_{ij} - \min x_{ij}} + 1 \qquad (2-2)$$

经过标准化数据处理后，得到的数据见表 2-9。

表 2-9　　　　　　　　　　指标标准化

目标层	准则层	指标层	2015 年	2014 年	2013 年	2012 年	2011 年	2010 年
生态文明指标体系	生态环境指标	城市生活污水处理率（%）	2.000	1.998	1.320	1.868	1.000	1.774
		城市空气质量优良率（%）	1.000	1.019	1.631	1.994	2.000	2.000
		城市建成区绿化覆盖率（%）	1.607	1.124	1.035	1.000	2.000	1.876
		自然保护区面积占所辖面积的比例（%）	1.412	1.911	1.907	2.000	2.000	1.000
		化肥使用强度（千克/公顷）	1.998	2.000	1.085	1.087	1.082	1.000
	生态经济指标	万元 GDP 能耗（吨标准煤/万元）	2.000	1.834	1.318	1.093	1.113	1.000
		人均 GDP（元/人）	2.000	1.864	1.668	1.452	1.268	1.000
		工业固废综合利用率（%）	2.000	1.977	1.000	1.033	1.467	1.962
		万元 GDP 水耗（吨/万元）	2.000	1.950	1.825	1.750	1.579	1.000
		城镇居民年人均可支配收入（元/人）	1.073	1.057	1.041	1.028	2.000	1.000
		服务业增加值占 GDP 的比重	2.000	1.949	1.001	1.000	1.000	1.000
		单位土地产出值（万元/平方公里）	2.000	1.857	1.649	1.459	1.265	1.000
		R&D 经费支出占固定资产投资的比重（%）	1.000	1.231	1.923	1.692	2.000	2.000

续表

目标层	准则层	指标层	2015年	2014年	2013年	2012年	2011年	2010年
生态文明指标体系	生态文化指标	每万人拥有大学生数（人）	2.000	1.744	1.581	1.535	1.256	1.000
		每万人拥有医院床位数（张）	2.000	1.212	1.129	1.000	1.102	1.009
		每万人拥有医生数（人）	1.806	1.806	2.000	1.225	1.249	1.000
		每百人拥有图书馆藏书数（册）	1.674	1.554	1.367	2.000	1.328	1.000

二、基于层次分析法的权重确定

依据层次分析法，通过专家咨询（专家咨询调查表见附录），得到各指标的权重（见表2-10）。

表2-10　　　　九江生态文明建设评价指标权重

目标层	准则层	指标层	权重
生态文明	生态环境指标	城市污水处理率（%）	0.161
		城市空气质量优良率（%）	0.122
		城市建成区绿化覆盖率（%）	0.067
		自然保护区面积占所辖面积的比例（%）	0.043
		化肥使用强度（千克/公顷）	0.035
	生态经济指标	万元GDP能耗（吨标准煤/万元）	0.104
		人均GDP（元/人）	0.040
		工业固废综合利用率（%）	0.079
		万元GDP水耗（吨/万元）	0.090
		城镇居民年人均可支配收入（元/人）	0.039
		服务业增加值占GDP的比重（%）	0.024
		单位土地产出值（万元/平方公里）	0.021
		R&D经费支出占固定资产投资的比重（%）	0.032
	生态文化指标	每万人拥有大学生数（人）	0.053
		每万人拥有医院床位数（张）	0.023
		每万人拥有医生数（人）	0.053
		每万人拥有图书馆藏书数（册）	0.013

三、九江市生态文明评价结果分析

经过标准化的处理数据，与权重相乘，则能得到 2010~2015 年的九江生态文明变动情况。从图 2-1 中可以看出，2010~2015 年，九江生态文明水平总得呈增长趋势，拐点发生在 2013 年，引起该变化的主要因子是城市生活污水处理率，该年处理率仅为 87.8%，仅高于 2011 年的 82.4%；同时，城市空气质量优良率却低于 2011 年的 99.5%，仅为 93.7%。从权重的角度来考虑，城市污水处理率、城市空气质量优良率两项的综合权重达到 28.3%，在 17 个指标中，权重占比近 1/3，因此导致 2013 年的生态文明水平出现下降。

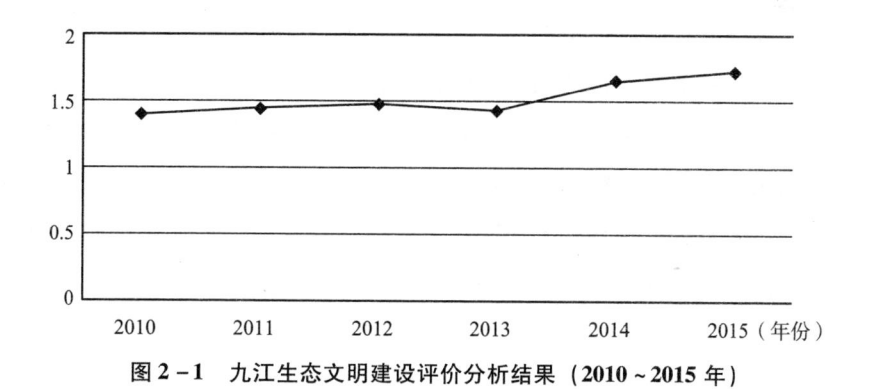

图 2-1 九江生态文明建设评价分析结果（2010~2015 年）

从生态环境、生态经济、生态文化三个分指数来分析，生态环境指数整体呈下降趋势，从 2010 年的 0.733 下降到 2015 年的 0.682；生态经济指数总趋势是增长的，拐点发生在 2012 年；生态文化指数呈逐年递增趋势。因此，通过三个指数的趋势分析，不难看出，九江生态文明的整体水平虽然整体提升，但是实质是生态经济指数、生态文化指数的增长，弥补了生态环境的下降。

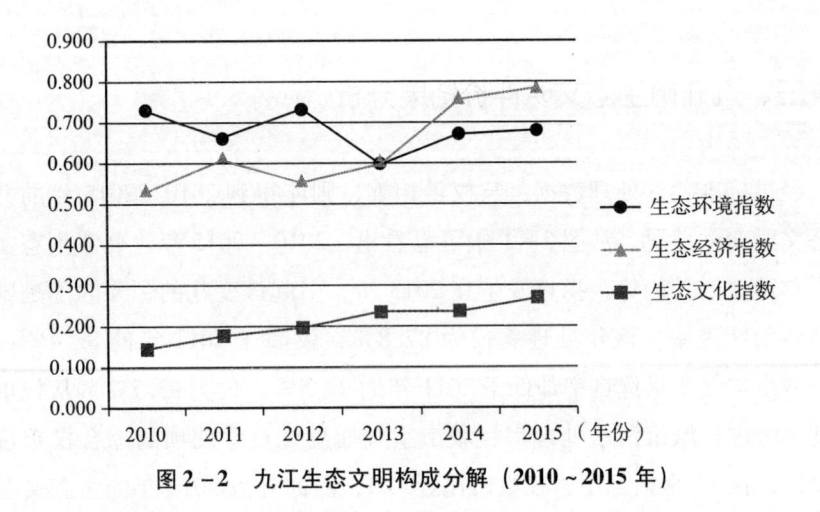

图 2-2 九江生态文明构成分解（2010~2015年）

因此，虽然九江整体生态文明水平有所提升，其实质是生态经济、生态文化两方面的增长弥补了生态环境质量的下降，长远来说，九江的生态文明的提升仍然面临着生态环境的巨大压力。如何在保障鄱阳湖、长江、庐山等生态敏感区生态安全的前提下，全面实现小康社会建设目标，融入江西及国家生态文明示范体系，将成为九江生态文明建设成功与否的关键问题，其本质来讲就是提升资源、环境利用的生态效率，实现最大环境承载的范围内的跨越式产业转型及社会经济大发展。

第三章

九江经济生态化水平测度分析

近年来，国内各地都立足当地资源优势，争相寻求能实现经济快速增长的经济发展战略和思路，都保持了较高的经济增长速度，经济规模迅速扩大。然而，伴随经济各区域经济规模的急剧扩张，工业化、城镇化进程的加速推进，对自然资源的消耗速度远远超过了自然资源的再生能力。工业化实施进程中，以"三废"为主的各种工业污染对生态环境带来明显的负面影响，如城市空气污染、水质污染、垃圾污染、噪声污染、热污染等，既影响到广大人民的身体健康，又影响到人民群众的生活质量。发展实践中，经济发展与生态环境之间难以调和的矛盾客观存在，但要实现经济社会的可持续发展，必须从理论和实践层面深入系统研究如何实现此二者的有机统一和协调。从现有文献来看，学者们主要从协调的路径、协调发展的评价方法、协调发展的模式等诸多方面进行展开，取得了较多的研究成果。经济社会发展实践中，各地政府也逐渐改变"GDP至上"的指导思想，将经济发展质量和可持续发展作为经济发展战略制定的重要方面。

江西九江是京九铁路和长江黄金水道交汇的重要城市。便利的区位交通优势赋予九江良好的经济发展基础条件，集"山（庐山）江（长江）湖（鄱阳湖）"等著名自然资源成为九江大力发展生态经济的良好支撑。近年来，九江顺应国家大力发展生态经济的总体趋势，紧跟江西省大力建设鄱阳湖生态经济区的战略需求，通过优化产业结构、提升产业经济发展质量、保护生态环境，不仅经济发展规模大幅提升，经济发展质量也明显改善，较好实现了经济发展与生态环境的协调，在江西生态经济建设中发挥了举足轻重的重要作用。本章主要总结近年来九江的经济发展历程，对其经济发展与生态环境进行评估分析。

第一节 经济发展生态化的内在矛盾和外在表现

经济发展生态化主要体现在经济发展与生态环境的协调性。从内涵上讲，经济发展与生态环境的协调不仅经济发展必须在生态环境的承载力范围之内，同时也是指经济发展必须实现对生态资源的科学配置、合理利用。

一、经济发展与生态环境之间常态性的存在矛盾

经济发展与生态环境之间的矛盾通常表现在两个方面：一是经济发展对资源需求的无限性与资源供给能力的有限性之间的矛盾。经济发展的规律表明，无论何种经济形式，都必须要有各类资源源源不断的供给才能实现持续地增长和发展。但从资源的属性和类别来看，有些资源是可再生的，有些资源是不可再生的，而生态资源往往是不可再生的。因此，如何实现资源的有限供给、合理配置实现经济发展效益的最大化是理论和实务工作者不得不面临的重要问题。

矛盾的另一个表现是社会生产过程中，尤其是制造业产品生产过程中废弃物的大量排放对环境保护的冲击。一般情况下，产品生产数量多少与经济发展规模成正比，所以从这个层面讲社会生产规模越大越好。但是，产品生产数量多少与污染物排放数量多少并不绝对成正比，是可以通过环境保护技术投入实现多生产少排放甚至零排放的。

可以看出，经济发展与生态环境之间的矛盾主要表现在资源的合理利用和环境的有效保护方面。所以，在经济社会发展过程中，必须全面客观的处理两者之间的关系，要使二者之间互为促进而非互为制约，形成经济发展与生态环境之间有机协调的状态。

二、协调度高低应为评价区域经济发展质量的重要标准

在过去的区域经济发展中,经常存在两种误区。一是为追求 GDP 的快速增长,而忽视生态环境保护,在发展经济过程中过度的消耗各类资源、过度排放污染物,步入"先污染后治理"的误区。二是为了追求生态环境的保护,而完全不利用资源,以此放弃经济的发展。事实证明,这两种误区都是不符合经济社会发展规律,是绝对不可取的。

在新的经济形势下,"唯 GDP 论"的发展思想已经被彻底摒弃,以"等、靠、要"放弃经济发展的"慵懒行为"业已无法适应政府官员考评机制。经济发展与生态环境之间是否协调、协调度高低已被视为一项衡量区域经济发展的重要评判标准,即衡量区域经济好坏,既要讲求经济规模,又要注重经济发展质量和效益。通常,要评判经济发展与生态环境的协调度,不仅衡量经济发展与生态环境间的数量比例,还强调各要素间及各系统间的结构比例是否合理,即强调合理优化资源、有效调控经济增长方式,不断提高经济增长的数量和经济发展的质量,以达到经济发展与生态环境间的良性发展。

三、协调度高低在区域经济发展中的主要表现

(1)是否超出生态环境承载力是衡量协调度高低的重要指标。生态环境承载力是生态资源对经济发展的最佳供给程度以及环境污染破坏的最大接受程度,这个指标是联结经济发展与生态环境的重要指标。

在生态环境保护研究中,可以通过经济发展资源消耗历史、资源禀赋现状以及资源可再生程度等,测算出一个特定范围内的生态环境承载力,这个承载力应当成为规划未来经济发展资源配置的重要依据。诚然,在经济发展过程中,对资源地利用、环境地破坏虽然都是必不可少的,但必须是有度的,这个度就是生态环境承载力。实践表明,如果在生态环境承载力的范围之内,则经济发展与生态环境之间被认为是协调有效的,反之是非协调的。

在这个数量范围之外，离这个数量范围得越远，经济发展与生态环境越不协调。即使是在有效协调的范围之内，各地区也会有所差别，离这个数量范围的最大值越近，资源的利用程度越高，则经济发展与生态环境的协调发展状况越好；反之离这个数量范围的最大值越远，资源的利用程度越低，经济发展与生态环境的协调发展状况相对较差。

据此，根据各地区经济发展与生态环境协调度差异大小的区别，可以将其分为高度的协调发展和低度的协调发展。高度的协调发展即指一个区域在发展过程中，经济发展较好地契合了生态环境的承载力，不仅较好地配置利用的经济发展资源，同时在社会生产过程中还较好地保护了生态环境，最关键的是实现了区域经济的快速、高效发展，这种状态无论从理论评价还是实践看来都是一种最为优良的状态。相反，低度的协调发展的地区也实现了二者的有机协调，也保证了在环境承载力范围之内发展经济，不足之处是生态环境保护较好，但由于资源没有实现最优化配置，所以经济发展程度较低，这种状态并非最优，但一定程度上符合经济社会发展的基本规律要求。

（2）协调度高低会因经济发展阶段地更替而动态变化。人类社会经济发展阶段会随着时间的推进而不断更替，在这个阶段更替中，经济发展水平、经济发展资源禀赋、生态环境承载力以及人们的经济社会需求等都会随之发生变化。当一个区域经济发展还处于较低层次的时候，则主要追求数量的增长以更好满足人们的经济需求为核心，这一阶段可能资源消耗数量较大，且效益并非最佳。但当经济增长到相对高级阶段，社会财富和个人家庭财富积累到一定程度时，人们除了较高的物质需求之外，对生活环境的优化等需求越来越高，且因为前期阶段对资源的大量耗费和生产过程中污染物的过度排放，生态环境的压力显得越发明显。新的形势要求在经济发展过程中必须更为重视经济与生态环境的协调发展。

经济发展阶段地更替除了引致人们需求的变化之外，其自身可持续发展的需求对生态环境保护的需求亦会不断提高。各国经济发展实践均表明，高度工业化是一国、一个区域经济发展必不可少的重要支撑，也是经济发展不可逾越的重要阶段。经济要实现可持续发展，必须自动调和在工业化过程中产生的资源稀缺、环境保护冲击等矛盾。所以区域经济在发展中会通过资源利用和环境保护规划防止资源过度开采和污染物过度排放。早在2011年，国家就颁布了《全国主体功能区规划》，将国土空间划分为优化开发区域、重点开发区域、限制开发区域和禁止开发区域，其中，区域生态环境承载力是确定区域类型的重要标准。此规划出台之后，各地纷纷以此为依据，划定本地区范围的各区域类别。工业化过程中的各个产业、企业也会根据自身发展需求顺应国家环境保护需求，通过废物循环利用、污水处理、可持续能源等方面进行技术投入，这些技术投入增加了企业生产经营活动的证外部性，实现了经济效益与生态环境保护效益的多赢。

可见，无论从企业层面、政府层面还是个人层面来讲，各自需求的动态变化，以及各自可持续发展的需求，要求经济发展与生态环境之间的协调度必须随之进行动态调整，这其中既有来自外界力量的促进所致，也有各主体自发的调和矛盾所致。

（3）经济发展与生态环境协调发展的特性。综合当前学者们的研究和各区域经济发展实践，经济发展与生态环境的协调主要有四个特点[①]。一是结构协调。是指使经济发展子系统与生态环境子系统间，子系统内部各要素间按一定数量和结构所组成的具有一定结构和功能的有机整体，能够和谐一致、配合得当。二是层次协调。是指经济发展子系统内部与生态环境子系统内部在微观层次上，经济发展子系统与生态环境子系统组成的大系统在宏观层次上协调的统一。三是空间协调。经济发展与生态环境的协调涉及国家间、区域间及区域内部要素间的诸多要素，因而其协调是指经济发展与生态环境在不同区域、不同部门的有机组合。四是时间协调。是指经济发展与生态环境组成的系统，从协调、不协调到协调，需要经历一个时间过程；再从协调、不协调到协调，也需要经历一个时间过程。经济发展与生态环境的协调发展是一个周期过程。

---

① 蔡平. 经济发展与生态环境的协调发展研究，新疆大学2004年博士论文.

第二节　九江经济发展生态化建设现状

一、九江经济发展生态化历程

区域发展过程中都面临着经济建设与生态环境保护的两难选择，尤其在发展初期更为明显。九江市作为经济欠发达地区，为了加速经济发展，也基本选择了一条公共政策让位于市场机制的发展路径。也就是说，主要遵循市场机制的调节，一切以市场需求为准则，以成本收益为指导，经济增长成为政策制定的主要目标。然而，在生态经济建设中，完全依靠市场机制可以降低资源消耗，但无法顺利减少污染物排放，要协调资源环境压力与经济发展之间的矛盾必须同时依靠政府宏观调控和市场自我调节机制。对于企业而言，追求利润最大化始终是企业发展的终极目标，在绝大多数企业眼里，经济利益始终大于社会利益。所以，只有当企业的市场盈利目标与环境保护等社会目标实现一致时，完全有市场机制的推动实现节能减排是可行的，否则，便是不可行的，需要辅助于政府的作用。因为，当企业为保护环境所支出的成本若高于企业的机会成本时，即当保护环境所取得的收益小于企业的机会收益时（同样的经费投入，节能减排获得的收益少于其他投资的收益），市场盈利目标就会排斥环境保护目标，节能减排目标便难以实现。因此，在进入21世纪之前，九江经济取得快速发展的同时，生态经济建设仅获得了与市场机制相容的部分，在与市场机制相冲突的地方实际上已经积累了巨大的环境污染。

其次，曾经的沿海地区产业梯度专业政策给内地城市生态环境建设带来压力。改革开放以来，沿海地区企业走的是一条高投入、高消耗、高污染、低效益的粗犷式发展道路。在经济可持续发展要求越来越紧迫的形势下，东南沿海地区的产业转型升级成为刚性需求，其原有产业大量的向内地城市转移。当时，九江作为承东启西的一个重要港口城市，也是产业转移承接地之一。那些本来因为要素资源短缺、能源消耗严重而被迫转移的产业，诸如电力、钢铁、有色金属、水泥等产业，转移到九江，规模逐年扩大，有些产业已经成为九江经济发展的主要支柱产业，能够为九江带来十分可观的经济收益，但与此同时也势必会带来严重的环境污染和资源浪费，使得九江政府部门面临巨大压力。

由此，纵观九江经济发展与生态环境建设的历程，虽然曾经面临巨大压力和矛盾，但面临国家生态文明建设的重大趋势，以及九江产业经济、区域经济自身可持续发展的需求，及时地调整了经济发展策略，努力谋求经济发展与生态环境的协调发展。在追求经济发展质量的新时代，严格遵循产业演变规律，秉承生态经济发展要求，各项生态经济发展政策基本做到了从点到面、从重点行业和企业到整个产业、从局部地区到全部地域范围加以推广，实现了九江生态经济建设效率的提升。

二、当前九江经济社会发展状况评价

1. 经济发展规模逐年上升

近年来，九江紧紧围绕建设开明开放、创新创业、宜居宜游、共建共享、实在实干"五大九江"的战略部署，主动适应经济新常态，以"新工业十年行动"战略集聚经济发展新动能，科学谋划应对国际国内的各种经济发展挑战，在国家和省域经济发展的总体战略部署下，扎实做好稳增长、治污染、促改革、调结构、惠民生等各项工作，国民经济运行总体平稳、稳中向好、动力增强，不仅经济总量继续在全省地级市经济发展中排名前列，以生态经济发展为指引的经济发展质量也得到明显改善和提高。据统计，2016 年，九江全市实现地区生产总值（GDP）2 096.13 亿元，其中第一产业增加值 152.67 亿元，第二产业增加值 1 088.9 亿元，增长 8.6%；第三产业增加值 854.56 亿元。经济结构进一步优化，三次产业结构调整为 7.3∶51.9∶40.8；三次产业对经济增长的贡献率分别为 3.3%、48.7% 和 48%，全市人均 GDP 为 43 338 元，增长 8.9%。无论从经济发展总量还是人均生产总值来看，近年来都保持了持续稳步增长的态势（如图 3-1、图 3-2 所示）。

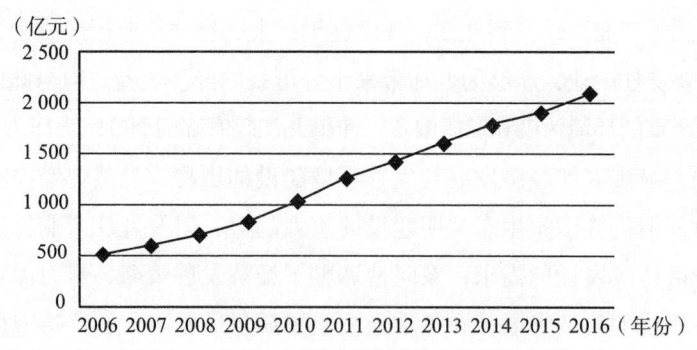

图 3-1　2006~2016 年九江市 GDP 总值

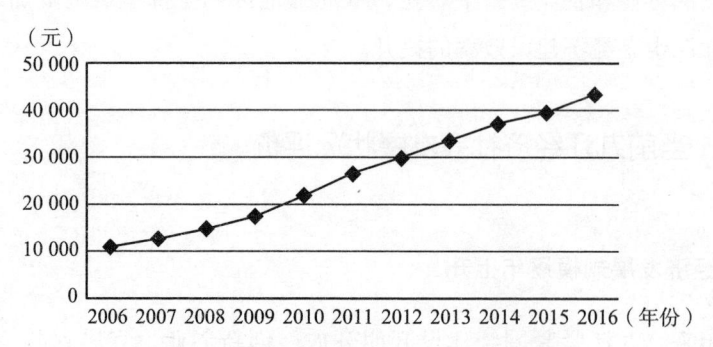

图 3-2　九江市 2006~2016 年人均 GDP

2. 产业经济总量实现新扩张

近年来,九江市始终将工业作为经济发展的重要支撑,一方面,实施传统产业提升计划。以石油化工、钢铁有色、建材、纺织等产业为重点,支持企业加快技术改造、重组整合、股改上市,推动传统产业改造升级。另一方面,通过大力推进高质量的新型工业化行动,积极践行、对接"中国制造2025"计划,促进工业经济量质并举、结构升级、效益提升,加速向规模以上工业主营业务收入万亿目标迈进。同时,还通过实施新兴产业倍增计划,以新能源、新材料、电子电器、生物医药、绿色食品和装备制造等产业为重点,通过引进重大项目、加快科技创新、完善扶持政策,推动战略性新兴产业向高端化、集约化、特色化发展,努力实现产业规模倍增、龙头企业倍增、示范基地倍增。除此之外,为提升工业经济发展的整体竞争力,还以产业集聚思想为指引,实施主导产业集聚计划,培育基础好、有潜力的龙头企业发挥产业引领作用，并延伸产业链条，推动产业集聚集群集约发展，着力提升产业规模和竞争力。

目前，以石化、钢铁、有色冶金、纺织服装、汽车船舶、电子信息、新能源、非金属新材料、节能电器、绿色食品为代表的十大产业主营业务收入占全市比重超过80%。沿江区域实施亿元以上重大产业项目128个，累计完成投资558.5亿元；实施5 000万元以上重大基础设施项目63个，累计完成投资170.3亿元。2016年，九江全市完成规模以上工业主营业务收入3 859.74亿元，增长22.94%；工业增加值784.83亿元，增长13.3%；利税总额411.52亿元，增长43.34%，工业对经济增长的主导作用更加凸显。十大产业实现增加值653.2亿元，占全市比重83.2%；实现利润155亿元，增长35%；五大新兴产业主营业务收入突破1 000亿元，增长35%。净增规模以上工业企业163户，达1 009户（见图3-3~图3-5）。

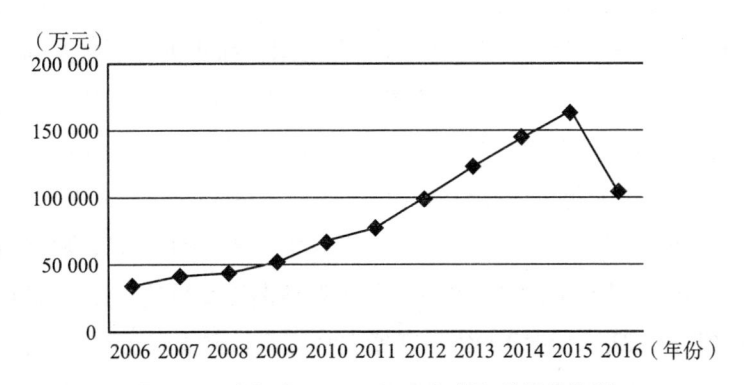

图3-3 九江市2006~2016年实际利用外资额

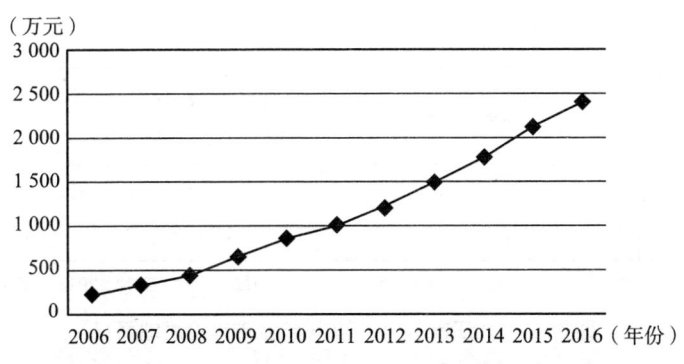

图3-4 九江市2006~2016年城镇固定资产投资额

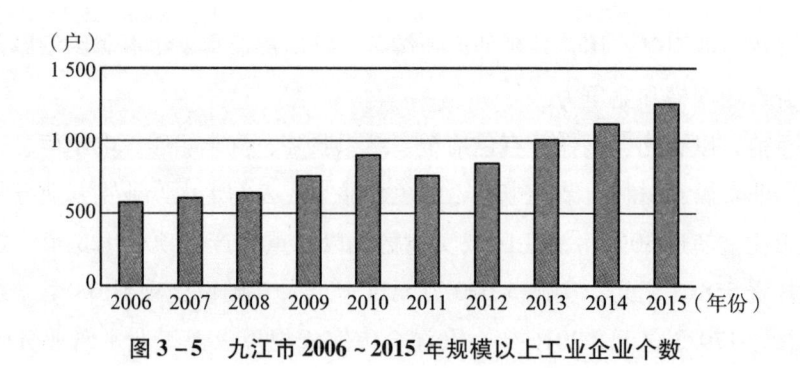

图 3-5　九江市 2006~2015 年规模以上工业企业个数

3. 生态建设与经济发展相向而行

提高科技创新能力，发展生态工业，按照生态循环理念进行工业园区建设，以此促进各企业之间产品、能源、废弃物的循环利用，鼓励企业建设循环经济型企业，积极开展清洁生产，以循环利用进行粉尘治理、废气控制、废水污水处理、噪声控制，促进资源综合利用，绿化美化厂区及周边环境。环境保护力度加大，生态建设厚植新优势。2016 年，新增国家级生态乡镇 27 个，建成国家级自然保护区 3 个、湿地公园 3 个、森林公园 8 个。PM2.5 实现 24 小时在线监测，空气环境优良天数年均保持在 310 天以上，完成造林绿化 161.6 万亩，森林覆盖率 55.2%，8 个县成功创建省级森林城市，建成水质自动监测站 8 个，境内长江、修河监测断面水质达Ⅲ类水标准，集中式饮用水源地水质达标率 100%。新增农村安全饮水人口 155 万人，治理水土流失 180 万亩（见图 3-6 和图 3-7）。

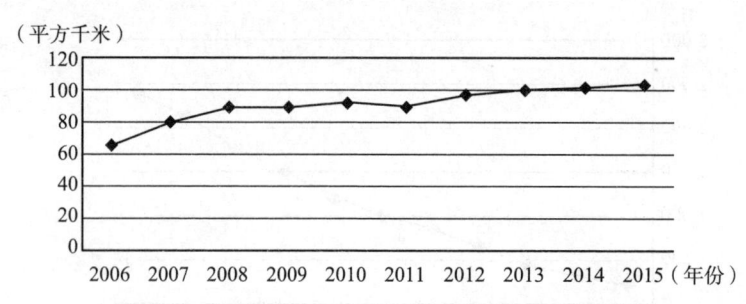

图 3-6　九江市 2006~2015 年城市建设用地面积

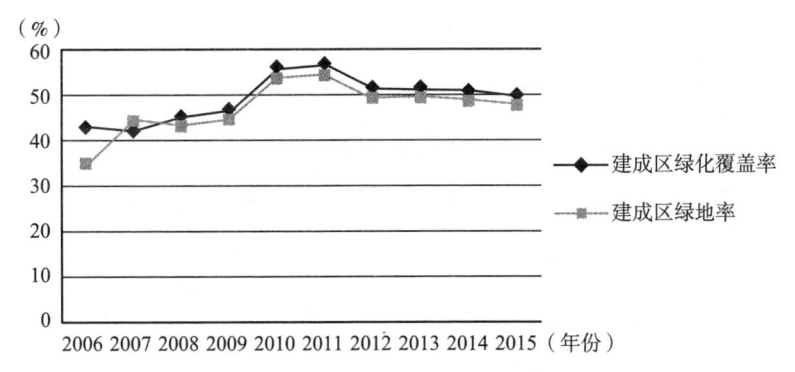

图 3-7 2006~2015 年九江市建城区绿化

4. 工业节能减排成效明显，生态经济建设成果显著

近几年，九江有针对性地加强了重点行业、重点企业和重点工程的节能减排工作力度，工业、交通、建筑三大领域和钢铁、有色、煤炭、电力、化工等重点行业的重点企业节能减排各项任务得到全面落实。九江原有的重点企业和新引进的一批企业都坚持科学发展为指导，以科技进步促节能减排，通过加大新工艺、新技术、新设备、新产品推广使用力度，加快了废水排放、废气排放处理设施建设进度和一批重大项目的实施，降低能耗，循环发展已成为企业新的增长点。从工业"三废"排放、一般工业固体废物综合利用率来看，各项指标都能与生态经济发展的目标高度契合（见图 3-8~图 3-11）。

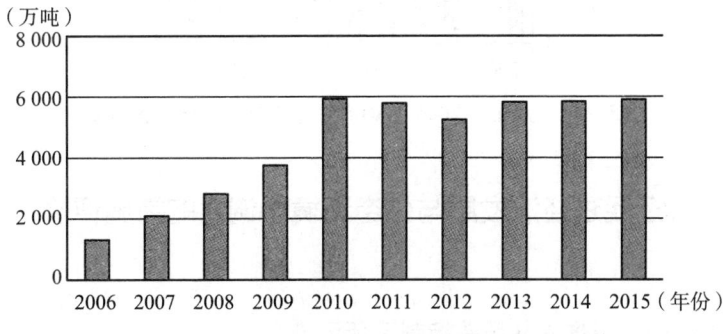

图 3-8 九江市 2006~2015 年污水处理总量

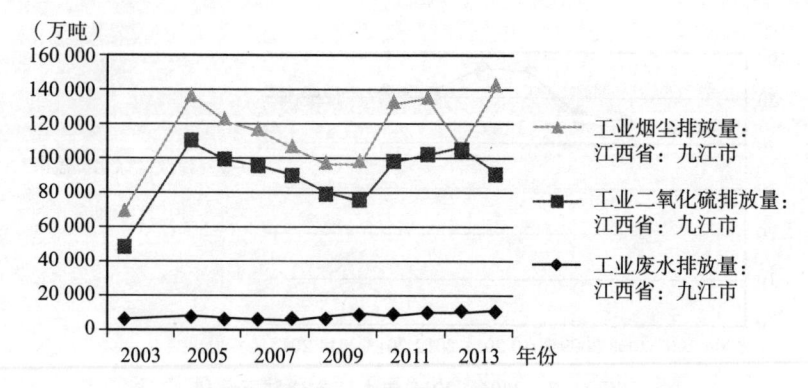

图 3-9 九江市 2003~2013 年工业废气、废水排放量

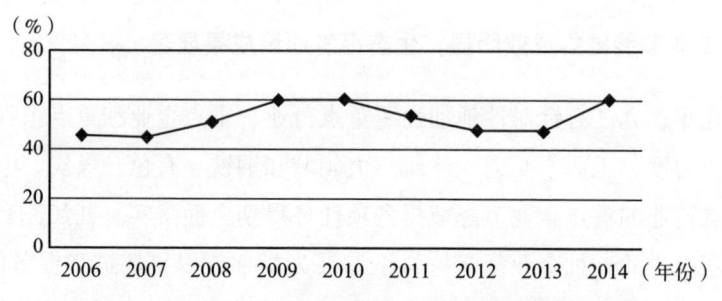

图 3-10 九江市 2006~2014 年工业固体废物利用率

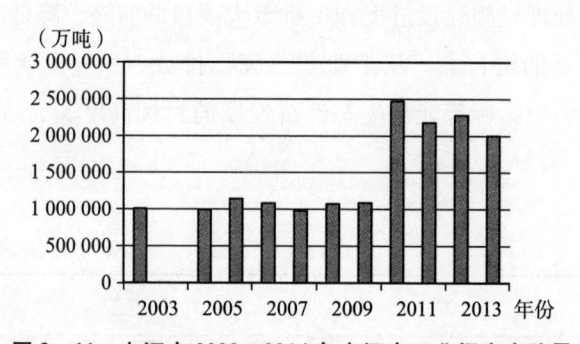

图 3-11 九江市 2003~2014 年九江市工业烟尘去除量

三、九江促进经济发展与生态环境协调度的措施评价

1. 严格的环境准入从源头控制了新污染

早在 2008 年，江西省环保部门就紧紧围绕省委、省政府"生态立省、

— 56 —

绿色发展"和"鄱阳湖生态经济区"发展战略，坚持"既要金山银山，更要绿水青山"和"三个坚决不搞"，认真履行职责，严把项目环保审批关。九江严格落实环境保护部提出的"十不批"和省委省政府"三个坚决不搞"要求，对国家和本省明令禁止建设、不符合环保法律法规、城市发展总体规划、行业规划和污染防治技术政策、选址明显不当会严重威胁生态环境安全和人民身体健康的项目坚决不予审批，从源头上加以控制，尤其是对钢铁、电石、水泥、制浆造纸、农药、电镀、皮革、焦化、有色金属冶炼、印染、陶瓷、化纤等14类高污染行业提高了环境保护准入门槛，从而为实现"一流的空气质量、一流的水质、一流的绿色生态、一流的人居环境、一流的绿色生态保护建设机制"的目标做出了应有的贡献。

2. 完善的政府、企业节能减排考核

近年来，将节能减排指标完成情况纳入经济社会发展综合评价体系，作为政府领导干部综合考核评价和企业负责人业绩考核的重要内容。建立了健全的节能减排工作责任制和问责制，一级抓一级，层层抓落实。市、县（区）各级人民政府对本行政区域节能减排负总责，政府主要领导是第一责任人。一方面在科学测算的基础上，把节能减排各项工作目标和任务逐级分解到各重点企业和单位。另一方面通过强化政策措施的执行力，加强对节能减排工作进展情况的考核和监督，尤其加强对重点耗能企业和污染源的日常监督检查，对违反节能环保法律法规和国家强制性标准的单位公开曝光，依法查处，对重点案件挂牌督办。加大执法和处罚力度，公开严肃查处严重违反国家节能管理和环境保护法律法规的典型案件，依法追究有关人员和领导者的责任。市政府环保部门定期考核各地节能减排指标完成情况，并予以公布。同时，加强机关单位、公民等各类社会主体的责任，促使公民自觉履行节能和环保义务，形成了以政府为主导、企业为主体、全社会共同推进的节能减排工作格局。

3. 提高工业园区生态环境标准，形成节能减排和资源综合利用的产业链

生态工业园是指以工业生态学及循环经济理论为指导，按照工业园区生态经济系统的物质合理循环、能量合理流动、信息高效调控、人力资本密集运用和价值高效增值的原理，将园区内彼此靠近的工业企业集聚成一个相互依存、类似于生态食物链过程的"工业生态系统"[①]。它是一种能使生产发展、资源利用和环境保护形成良性循环的工业园区建设模式，也是一个能尽最大可能发挥人的积极性和创造力的高效、稳定、协调和可持续发展的人工复合生态系统，是继工业园区和高新技术园区之后的第三代工业园区，体现了新型工业化特征及实现可持续发展战略的要求。按照工业生态学的原理，运用生态学的理论和方法研究工业生产，通过企业间的物质集成、能量集成和信息集成，形成产业间的代谢和共生耦合关系，使一家工厂的废气、废水、废渣、废热或副产品成为另一家工厂的原料和能源，建立工业生态园区；运用循环经济理论，通过废弃物交换将企业联系起来，通过废弃的石油产品和有机物的综合利用，可以形成生态产业链，进而形成生态工业园。

生态工业园能实现区域内工业体系与生态环境协同发展，合理利用资源，充分保护环境，促进清洁技术与环保产业的发展，增强企业竞争力，有利于充分合理利用资源，提高资源利用效率；有利于充分保护生态环境，改善鄱阳湖区域环境质量；有利于促进清洁生产技术与环保产业的发展；有利于提升、改造现有工业园区，产生良好的经济效益、社会效益和生态效益。可以说，构建生态工业园是实现鄱阳湖生态经济区可持续发展的必然途径。

4. 加强重点领域节能，建立了以循环经济为重要特征的生态经济发展模式

与传统经济相比，循环经济的不同之处在于：传统经济是一种由"资源—产品—污染排放"单向流动的线性经济，其特征是高开采、低利用、高排放。而循环经济倡导的是一种与环境和谐的经济发展模式。它要求把经济活动组织成一个"资源—产品—再生资源"的反馈式流程，其特征是低开采、高利用、低排放。循环经济主要有三大原则，即"减量化、再利用、资源化"原则。循环经济强调节约资源、有效利用资源，在生产和消费过程中，以最小成本追求最大的经济效率和生态效益。

在传统经济发展模式下，人们片面追求物质财富，将拥有物质财富等同

[①] 麻智辉. 鄱阳湖生态经济区生态工业园构建与发展研究. 鄱阳湖学刊, 2009（2）: 23~27.

于拥有幸福，形成了物质幸福观。以这种低品位的幸福观为指导，自然生态环境遭到了严重破坏，并未带来人类真正的幸福。循环经济的前提和本质是清洁生产，即追求物质和能源利用效率的最大化和废物产量的最小化。清洁生产的实质是贯彻污染预防原则，从源头削减污染，提高资源利用率，减少或者避免生产、服务和产品使用过程中污染物的产生和排放。循环经济理论的提出意味着物质幸福观明显不适应时代要求，经济发展需要实现生态化转向；循环经济要求人类实现由物质幸福观向环境幸福观的转变。循环经济发展模式可实现经济效益、社会效益和环境效益的协调统一。

第三节　九江经济生态化水平测度分析

在对九江市近年来经济发展与生态环境保护取得的相关成绩、采取的各种积极政策措施进行总结分析的基础上，采用因子分析法对九江经济发展生态化综合测度进行进一步实证分析评价。

一、九江经济发展生态化综合测度指标体系

结合在经济发展实践中影响经济发展、生态环境保护治理的相关因素，并借鉴目前文献中常用的对九江经济发展生态化综合测度进行评价的指标体系，本书共选取18个指标构建指标体系进行计算评价。

如表3-1所示，此九江经济发展生态化综合测度指标体系中，经济发展指标和生态环境指标两个二级指标构成了系统层，经济规模、经济竞争力、经济结构、经济推动力、生活质量、环境治理、环境治理等7个三级指标用于具体评价系统层指标指数。在此基础上，又从统计年鉴上选择了18个具体统计指标分别归类。具体以GDP总值考核经济规模（X1），以利用外资总额（X4）考核经济竞争力，以第三产业占GDP的比重（X3）考核经济结构，以城镇固定资产投资（X6）和规模以上工业企业个数（X7）考核经济推动力，以建成区绿化覆盖率（X8）、绿化覆盖面积（X9）、建成区

绿地率（X10）、城市建设用地面积（X11）、人均 GDP（X2）五个指标共同考核生活质量；以城市维护建设资金支出（X11）；本年度公用设施建设固定资产投资完成额（X13）；工业固废利用率（X18）污水处理率（X7）；污水处理总量（X14）考核环境治理情况；以工业废水排放总量（X15）；废气排放量（X16）；工业固体废物产生量（X17）考核环境质量。分析采用的数据主要来源于《九江市统计年鉴》（2006～2016 年）、《中国城市统计年鉴》（2006～2016 年）、《中国环境数据库》等进行汇总整理，利用 SPSS19.0 统计软件进行主成分分析、因子分析和回归分析，得出相应年份协调度分值（见表 3-2）。

表 3-1　　　　　九江经济发展生态化综合测度评价指标

九江经济发展生态化综合测度指标	经济发展指标	经济规模	①GDP 总值
		经济竞争力	②利用外资占 GDP 的比例
		经济结构	③三产业占 GDP 的比例
		经济推动力	④城镇固定资产投资；⑤规模以上工业企业个数
		生活质量	⑥绿化覆盖面积；⑦建成区绿化覆盖率；⑧建成区绿地率；⑨城市建设用地面积；⑩人均 GDP
	生态环境指标	环境治理	①城市维护建设资金支出；②本年度公用设施建设固定资产投资完成额；③工业固废利用率；④污水处理率；⑤污水处理总量
		环境质量	⑥工业废水排放总量；⑦废气排放量；⑧工业固体废物产生量

表 3-2　　　　　九江市 2006～2015 年各项经济发展指标

年份 指标	2006	2007	2008	2009	2010	2011	2012	2013	2014	2015
X1	506.2	592.56	700.6	831.36	1 032.06	1 256.41	1 420.1	1 601.7	1 779.96	1 902.68
X2	10 825	12 590	14 784.6	17 420	21 863	26 464	29 785	33 500	37 097	39 505
X3	32.6	33.1	35.8	35.88	34.3	32.9	34.71	35.8	37.3	38.9
X4	34 143	41 342	43 649	52 072	66 534	77 258	98 826	123 107	145 006	163 019
X5	578	607	641	757	904	762	846	1 009	1 121	1 259
X6	228.63	334	441.69	642.68	856.99	1 011.69	1 206.33	1 507.8	1 812.21	2 119.92

续表

年份 指标	2006	2007	2008	2009	2010	2011	2012	2013	2014	2015
X7	42.28	76.22	86.65	90.01	98.01	99.12	99.23	99.43	51.07	50.14
X8	43	42.18	45.46	47.05	56.39	57.1	51.8	51.88	48.73	47.84
X9	5 832	4 365	4 107	4 630	6 114	5 965	5 390	5 964	5 983	6 050
X10	35	44.45	43.19	44.71	53.77	54.49	49.45	49.53	101.82	103.45
X11	65.62	80.14	89.47	89.47	92.04	89.47	97.27	100.17	243 577	194 330
X12	78 402	36 419	76 946	97 283	59 745	78 436	205 093	239 364	476 713	411 469
X13	91 795	54 696	79 818	124 939	1 326 866	1 093 654	1 505 127	472 835	5 875	5 940
X14	1 320	2 101	2 847	3 787	5 966	5 821	5 282	5 856	10 739	16 784
X15	6 154	6 099	6 687	6 457	8 784	9 178	10 056	11 050	79 681	79 995
X16	93 099	89 264	83 092	72 570	66 817	88 950	92 076	93 816	96 101	98 230
X17	391.41	470.67	541.3	609.23	753.45	941.85	912.53	989.06	977.5	1 187.3
X18	45.66	44.91	51.05	60.02	60.39	53.71	47.85	47.4	60.38	61.03

资料来源：《九江市统计年鉴》（2006~2016年）、《中国城市统计年鉴》（2006~2016年）、《中国环境数据库》等。

二、数据处理及结果

通过利用SPSS软件对上述原始数据进行主成分分析处理，从18个统计评价指标中得到影响经济发展与生态环境协调度的各因子的累计贡献率表。从"表3-3特征值累积贡献率表和因子载荷矩阵表"可以看出，在影响经济与生态环境协调发展的18个指标中，GDP总值、人均GDP和第三产业占GDP的比重三个指标的贡献率达到92.343%，即这三个指标包含了18个评价指标的大部分信息。从数据处理得出关于各影响因子碎石图也可以直观地看出，前三个因子包含了大部分信息，从第4个因子开始进入平台了，已不能代表影响因素。[①] 因此，我们用前三个主成分因子来衡量九江市经济发展

---

① 碎石图一般以特征值为纵轴，成分为横轴，前面陡峭的部分特征值大，包含的信息多，后面平坦的部分特征值小，包含的信息也小。

与生态环境协调度。

表3-3　　　　　　　特征值累积贡献率表和因子载荷矩阵表

成分	初始特征值			提取平方和载入		
	合计	方差的%	累积%	合计	方差的%	累积%
1	12.075	67.086	67.086	12.075	67.086	67.086
2	3.477	19.316	86.402	3.477	19.316	86.402
3	1.069	5.941	92.343	1.069	5.941	92.343
4	0.767	4.263	96.606			
5	0.264	1.465	98.071			
6	0.153	0.851	98.922			
7	0.140	0.776	99.698			
8	0.046	0.256	99.954			
9	0.008	0.046	100.000			
10	$5.533E-16$	$3.074E-15$	100.000			
11	$3.624E-16$	$2.013E-15$	100.000			
12	$1.591E-16$	$8.838E-16$	100.000			
13	$-4.187E-18$	$-2.326E-17$	100.000			
14	$-5.642E-17$	$-3.134E-16$	100.000			
15	$-8.481E-17$	$-4.712E-16$	100.000			
16	$-3.016E-16$	$-1.675E-15$	100.000			
17	$-4.925E-16$	$-2.736E-15$	100.000			
18	$-1.379E-15$	$-7.663E-15$	100.000			

提取方法：主成分分析。

主成分因子1在GDP、人均GDP、第三产业比重规模以上工业企业个数、城镇固定资产投资、污水处理率、城市建设用地面积、城市维护建设资金支出、本年度公用设施建设固定资产投资、工业固废利用率、工业废水排放量等指标上都有大于0.8的载荷，其贡献率最大，达到67.086%，主要反映了九江市经济发展实力以及城市环境治理投入等。主成分因子2与建城区绿化覆盖率、绿化覆盖面积、污水处理总量关系最大，其方差贡献率为

19.316%，主要反映了环境改善以及环境保护治理能力。主成分因子3与建城区绿地率、工业固废产生量关系较大，其方差贡献率为5.941%，主要反映了九江市环境保护力度等（见表3-4）。

表3-4　九江经济发展生态化综合测度主成分因子矩阵

	成分		
	1	2	3
GDP	0.952	0.267	-0.082
人均GDP	0.959	0.240	0.008
第三产业比重	0.957	0.248	0.012
利用外资总额	0.796	-0.239	-0.509
规模以上工业企业个数	0.985	0.071	0.016
城镇固定资产投资	0.966	0.111	-0.121
污水处理率	0.985	0.139	-0.027
建城区绿化覆盖率	-0.309	0.827	-0.368
绿化覆盖面积	0.284	0.916	0.046
建城区绿地率	0.602	0.366	0.567
城市建设用地面积	0.931	-0.214	-0.059
城市维护建设资金支出	0.857	-0.421	-0.003
本年度公用设施建设固定资产投资	0.945	-0.228	0.020
污水处理总量	-0.077	0.914	0.167
工业废水排放量	0.948	-0.044	-0.090
废气排放量	0.899	-0.376	-0.007
工业固废产生量	0.510	-0.371	0.538
工业固废利用率	0.905	0.381	-0.008

注：提取方法：主成分分析。
a. 已提取了3个成分。

通过主成分因子分析之后，进一步用回归计算主因子得分，并以各因子方差贡献率为权重进行加权求和，得出2006~2015年九江经济发展生态化综合测度综合得分具体计算公式为：

$$F = 0.67086 \times F1 + 0.19316 \times F2 + 0.05941 \times F3$$

由此根据该公式计算出九江市 2006~2015 年各年度经济发展生态化综合测度综合得分（如表 3-5 所示）。

表 3-5　　九江各年度经济发展生态化综合测度综合得分

年份	FACT1	FACT2	FACT3	得分
2006	-1.01118	-1.12596	1.92592	-0.78
2007	-1.01189	-0.92178	0.01247	-0.86
2008	-0.82245	-0.61837	-1.27297	-0.75
2009	-0.62841	-0.19696	-1.57759	-0.55
2010	-0.29704	1.37175	-0.3658	0.04
2011	-0.10834	1.26532	0.92017	0.23
2012	0.09957	1.05278	0.29096	0.29
2013	0.46361	0.76771	0.12617	0.47
2014	1.48613	-0.86686	0.1923	0.84
2015	1.82999	-0.72763	-0.25163	1.07

从图 3-12 折线图可以很清楚地看出，2006~2009 年九江市九江经济发展生态化综合测度评价指数为负数，表明这几年九江市未能较好实现经济发展与生态环境的协调发展。从 2010 年之后，协调度转负为正，并且逐年提高，并到 2015 年达到 1 以上，这是从 2010 年进入十一五时期以后，九江市开始紧密建设鄱阳湖生态经济区战略的需要，大力调整产业结构，着手生态文明建设，加大对生态环境保护的资金投资和技术投资力度，取得了明显成效。将图 3-12 显示结果与图 3-13 九江市 2006~2015 年 GDP 变化趋势对比来看，两个变化趋势基本一致，由此也说明九江市经济发展与生态环境逐年趋于协调。

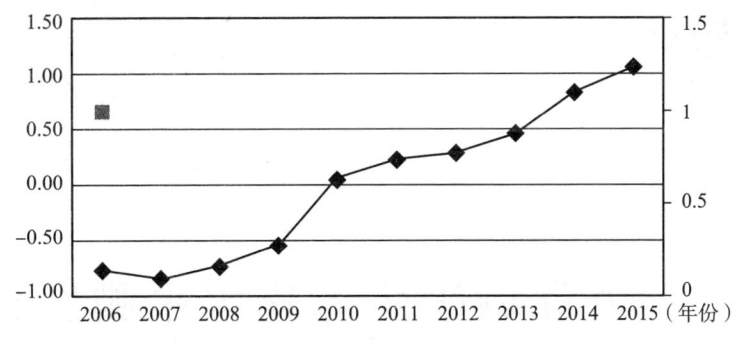

图 3-12 九江经济发展生态化综合测试评价指数

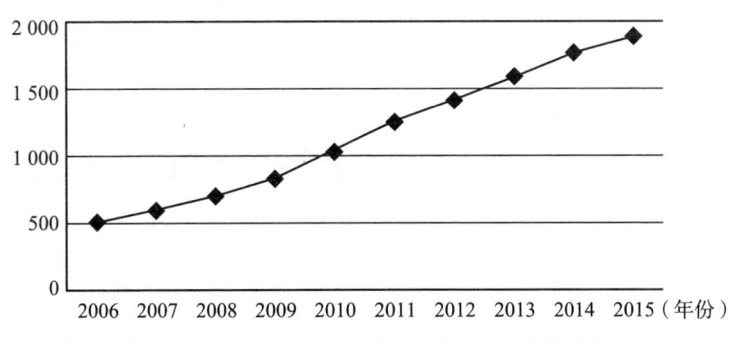

图 3-13 九江市 2006~2015 年 GDP 变化趋势

通过对近年来九江市经济发展历程和经济发展政策的系统梳理回顾，并通过选取 18 个影响九江经济发展生态化综合测度的质变构建指标体系对经济发展与生态环境二者协调度予以综合评价认为，九江市在经济发展过程中较好实现了与生态环境的有机协调，且协调度逐年提高。通过实证分析显示，要实现二者的有机协调统一，最关键的还是要不断调整产业结构，提高第三产业对 GDP 的贡献率，同时还需要不断加大对生态环境保护治理的政策投资、资金投资、技术投资，通过这些一举多得的途径既可以实现经济发展质量的提升，也可以较好改善社会生活环境。

第四章

九江城镇生态化水平测度分析

第一节 城镇生态化内涵解析

　　1898 年，英国埃比尼泽·霍华德（Ebenezer Howard）的 *Garden Cities of Tomorrow* 提出"田园城市（Garden City）"的概念，就是从城市规划与建设中寻求与自然协调的一种探索。1969 年伊恩·伦诺克斯·麦克哈格（Ian McHarg）的《Design with Nature》提出了"适宜性分析（suitability analysis）"方法，强调土地利用规划应遵从自然固有的价值和自然过程。

　　工业化是城镇化的经济支撑，城镇化是工业化的空间依托。长期以来，九江一直注重工业化和城镇化的发展。但在九江发展整体视角下，虽然九江已经进入工业化中期的前期，但从总体来看，九江工业化和城镇化发展不够，同时工业化和城镇化发展也不协调，这也加剧了九江经济社会发展的结构性矛盾，也成为区域可持续发展的"软肋"。如何协调城镇化与工业化的关系，已经成为破解发展瓶颈的突破口。环境伦理的视角是一种要求自然资源和人类社会发展两者在时间、空间两个维度均能协调发展、科学发展的分析方法。城镇发展生态化内涵重点在城镇化与工业化协调发展，走新型城镇化、新型工业化道路。

一、新型城镇化的特征

"城镇化"也称"城市化",英文统称为"Urbanization",是伴随着工业化和现代化必然出现的社会发展趋势,是指农业人口非农化和农村生活方式城市化的过程。城镇化主要表现为两个方面:一方面表现在人的地理位置的转移和职业的转变以及由此引起的生产方式与生活方式的演变;另一方面则表现为城镇人口和城市数量的增加、城镇规模的扩大以及城镇经济社会现代化和集约化程度的提高。关于城镇和农村界域的划分,不同国家,甚至同一国家的不同地区,在不同的时间上就有不同的划分标准。在我国历史上,关于城镇人口标准有过几次大的调整,近年来,随着农民工大量涌入城市,城镇化也由传统意义上的总人口中的非农业人口的比例,变化为在城镇中生活半年以上的常住人口的比例。相比前者,后者更能体现人性化、人与环境的和谐发展。

新型城镇化,是指社会生产力在市场化、信息化的基础上,在经济制度、经济结构、人口素质、人口居住等方面,由传统农村文明转变成为现代城镇文明的自然历史过程,也是城市生活方式不断向农村扩散和传播的社会过程。新型城镇化也包括社会生产方式、交换方式向规模化、集约化、市场化发展,生活方式向多元化、社会发展的过程。新型城镇化应该具备五个主要特征:一是城镇化的原始积累主要来自农业;二是城镇化偏重于第三产业发展;三是城镇化具有明显的二元结构;四是城镇化的动力机制主要是推力而非拉力;五是城镇居民主要以小城镇居住为主,但是有完善的基础设施提供服务。

二、新型工业化

工业化通常被定义为工业(特别是其中的制造业)在国民生产总值中比重不断上升的过程,以及工业就业人数在总就业人数中比重不断上升的过程。工业发展是工业化的显著特征之一,但工业化并不能狭隘地仅仅理解为工业发展。因为工业化是现代化的核心内容，是传统农业社会向现代工业社会转变的过程。在这一过程中，工业发展绝不是孤立进行的，而总是与农业现代化和服务业发展相辅相成的，总是以贸易的发展、市场范围的扩大和产权交易制度的完善等为依托的。在工业化进程中，主要表现为工业生产量的快速增长，新兴部门大量出现，高新技术广泛应用，劳动生产率大幅提高，城镇化水平和国民消费层次全面提升。

一般来说，描述工业化程度可用两种形式，一是用产值比重表示；二是用非农产业就业比重表示，第一种形式是用工业增加值占GDP的比重所计算的工业化程度。第二种是为了与城镇化水平计算上相一致，我们将工业化程度理解为社会劳动在不同产业间的分配，即在全部社会劳动者中二、三产业劳动者所占比重。需要特别说明的是，这里的"工业"不仅包括工业本身，而且还包括第二产业的其他部分以及整个第三产业，即整个非农产业。

新型工业化，不是只讲工业增加值，而是要做到科技含量高、经济效益好、资源消耗低、环境污染少、人力资源优势得到充分发挥，并实现这几方面的兼顾和统一。走新型工业化道路要求把工业发展和农业、服务业的发展协调统一起来，使工业化成为推进农业现代化和现代服务业发展的动力；把技术进步、提高效率同实现充分就业协调统一起来，使更多的人能够分享工业化的成果和利益，并实现人和社会的全面发展。新型工业化道路，是在新的历史条件下体现时代特点、符合我国国情的工业化道路。

三、新型工业化与新型城镇化的关系

1. 从产生和发展过程看

工业化就是由于产业革命而带来的从传统农业向现代农业转化的一种过程，这一过程使社会生产力得到了巨大发展，造成了工业中心和城市的迅速发展。由工业革命推动的工业化，改变了人类生产和积累财富的手段、方法和组织方式。随着机器大工业生产，就需要资本和人力的大量集聚，因此也就带来了资本和人力在区位上的大量聚集，于是就有了城市，随着工业生产活动的细分化、专业化和规模化，就越来越需要资本、人口、生产的区位集聚，同时必将带来本地区的交通、商业、贸易等部门的产生和发展，进而也就带来文教、医疗卫生等部门的产生和发展，所以工业化是城镇化的必要条件，城镇化是工业化的必然结果，没有工业化，城镇化就无从谈起。

2. 从数据变动模式看

钱纳里和塞尔奎在研究各个国家经济结构转变的趋势时，曾概括了工业化与城镇化关系的一般模式：附着人均收入水平的上升，工业化的演进导致产业结构的转变，带动了城镇化程度的提高。

表4–1　　　　　　工业化与城镇化关系的一般变动模式

级次	人均GNP 1964年（美元）	人均GNP 1997年（美元）	GNP结构变化（%）制造业	GNP结构变化（%）非农产业	就业结构变化（%）制造业	就业结构变化（%）非农产业	城镇化率（%）
1	70	350	12.5	47.8	7.8	28.8	12.8
2	100	500	14.9	54.8	9.1	34.2	22.0
3	200	1 000	21.5	67.3	16.4	44.3	36.2
4	300	1 500	25.1	73.4	20.6	51.1	43.9
5	400	2 000	27.6	77.2	23.4	56.2	49.0
6	500	2 500	29.4	79.8	25.8	60.5	52.7
7	800	4 000	33.1	84.4	30.3	70.0	60.1
8	1 000	5 000	34.7	86.2	32.5	74.8	63.4
9	1 500	7 500	37.9	87.3	36.8	84.1	65.8

从工业化导致的产业结构转变看，制造业生产比重与就业比重的上升基本上是同步的，而非农业产业就业比重与生产比重的上升则表现出阶段性差别：在人均GNP达到500美元（1964年）以前，生产比重的上升较快，而当人均GNP超过500美元以后，就业比重的上升明显加快。从产业结构转变对城镇化进程的作用看，城镇化率主要与就业结构变动相联系，而且与非农业产业就业比重上升联系更为密切。因此，如果说工业化带动了非农化，

非农化带动了城镇化,那么工业化对城镇化的带动趋势是明显的。

第二节 九江城镇生态化水平现状及综合测度分析

一、九江新型工业化发展现状

1. 发展阶段已步入中期

经济保持平稳较快增长,主要经济指标稳居全省前三。五年实现地区生产总值和社会消费品零售总额"两个翻番",地区生产总值2015年达到1 920亿元(见图4-1)。财政总收入和500万元以上固定资产投资相当于2010年的3倍。

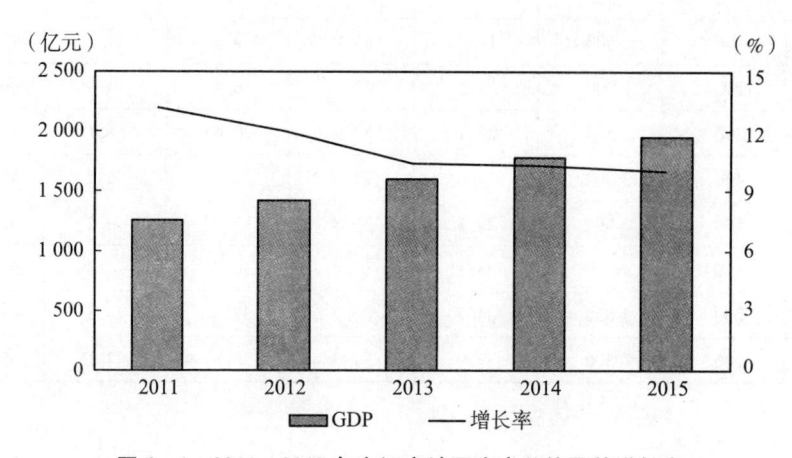

图4-1 2011~2015年九江市地区生产总值及其增长率

九江结构调整逐步加快,三次产业结构进一步优化(见图4-2),由2010年的9.5:56.2:34.3调整为2015年的7.0:54.7:38.3,第三产业占比5年间提高4个百分点。十大产业支柱地位进一步强化,2015年实现工业主营业务收入4 100亿元,占全市比重达82%,"四大千亿产业""六大新兴产业"初具雏形。

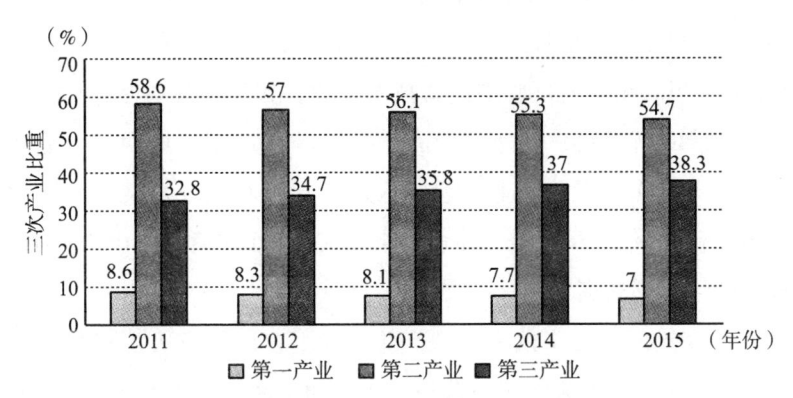

图 4-2 2011~2015 年九江市三次产业结构的调整优化

对九江市 2008~2015 年的统计数据进行整理计算，可以大致判断，九江的经济发展大致属于工业化阶段的中期。因此九江市城市的发展模式必须与经济的工业化阶段相适应。如果要使九江城市向特大城市发展，它必须越过工业化的成熟期和工业化准后期。

从城市化率看，城市化水平一般也可用城市人口占总人口的比例来衡量，当此比例在 20% 以下时，被认为是非城市化，此时经济大体处于工业化初期阶段，当此比例超过 50% 时，被认为基本实现城市化，此时经济大体处于工业化中期阶段，当如比例超过 70% 时，被称作高度城市化，此时经济大体处于后工业化阶段。

根据九江市统计资料计算，九江市城市化率 1996 年 12.5%，2002 年 22.54%，2009 年 27.2%，2012 年 46%，2015 年 50.3%。从这个数据看，九江市目前刚好跨过工业化初级阶段向中期迈进，近几年城市化的步伐比较快。

从三产比例和城市化率两个指标来看，九江市城市发展很快，已经步入工业发展中期和向基本城市化迈进的时期。

2. 区域工业格局体现新优化

九江"十二五"期末已经形成产业特色分明的区域工业格局。

(1) 城西港区—临港产业聚集地。九江城西港区规划面积 51 平方公里，一期已开发 14.92 平方公里，建成了长江中游重要的区域性枢纽港、长江中游新兴的集装箱喂给港、江西省沿江开发的工业港。二期开发面积 14.69 平方公里，重点发展临港高新技术产业，如高端装备制造产业、光机电产业、新能源新材料、快速消费品产业等。2015 年，城西港区完成工业主营业务收入 140 亿元、工业固投 165.5 亿元和利税 8.8 亿元，同比增长 67%、50% 和 35%。2015 年，外贸码头完成 23 万标箱，同比增长 16.5%，集装箱吞吐量再创新高。

(2) 国家级出口加工区—新型产业开发平台。国家级出口加工区规划面积 6 平方公里，已开发 4 平方公里，出口加工区已形成了新能源、新材料和电子电器三大主导产业，周边生产生活服务配套服务设施完善。出口加工区涵盖加工、物流、仓储、检测、维修和研发等业态，通关便利，享受进出口免税、进料保税、入区退税、"属地报关、口岸验放"等优惠政策。

(3) 汽车工业园—汽车及零部件产业基地。汽车工业园规划面积 5 平方公里，现已开发约 3 平方公里，是九江经济技术开发区致力打造的特色园区，旨在把它建成中部地区重要汽车及零部件产业基地、电子电器及配套产业基地。

(4) 科技工业园—国家级科技企业孵化器。科技工业园紧邻老城区，规划面积 9.8 平方公里，是国家级高新技术创业服务中心、国家级科技企业孵化器、江西省服务外包示范园区、江西省现代服务业集聚区、江西省小微企业创业园，并建有江西省首家中小企业服务超市、九江市首家科技创业服务中心、留学人员创业园、科学技术情报研究所等。恒盛科技园被江西省工信委评为 2015 年度省级小微企业创业园。

3. 产业集群出现新气象

"十二五"以来，先后引进多家上市公司投资项目，聚集了各类企业 500 余家，其中规模以上工业企业近 140 家，基本形成包括新能源、新材料、电子电器、汽车及零部件、高端装备制造等主导产业集群。主导产业对经济增长的贡献率超过 80%，产业集群出现新气象。

(1) 新能源产业集群链式效应凸显。以旭阳雷迪为龙头企业，聚集了旭阳光伏、上海超日、润扬切割液等10余个光伏产业链项目，基本形成"硅料—硅片—电池片—电池组件—应用系统"完整闭合的产业链条，形成完整的太阳能光伏产业集群。

(2) 新材料产业集群价值链向高端延伸。九江在新材料产业布局中，城西的玻璃纤维材料以巨石玻纤为龙头，聚集德福电解铜箔、利基光电、日彩影像、明阳线路板、华强线路板等项目，形成玻纤细纱—电解铜箔—覆铜板—印制电路板的上下游产业链条。

(3) 电子电器产业集群转型升级形成。2014年以来，九江经济技术开发区电子电器产业形成从电路板等基础材料，无刷直流马达、变频压缩机等核心零部件到数码相机、电脑、家用空调、无线通信设备等较完整的产业体系。2015年，艾美特电器九江公司Wi-Fi智能电风扇等高科技产品导入九江生产基地制造；九江铨讯电子有限公司生产数码相机330万台。

(4) 汽车及零部件产业战略重组成功实现。2014年，昌河实现战略重组，总投资130亿元的昌河汽车九江产业基地合作项目成为九江近年来投资规模最大的单个项目。昌河九江产业基地定位为北汽集团的南方基地，北汽集团将投入A0级、A00级、SUV和MPV等多款车型。

(5) 现代装备制造业产业集群化趋势加快。九江现代装备制造业行业龙头骨干企业的形成和崛起，将带动产业集群及相关配套企业的成长。2015年，九江杭氧已经具备了工程成套的服务，基本实现了为客户提供技术咨询、技术指导、设备安装、开车、售后等综合服务能力。同时，中船九江海洋装备配套产品联合开工。九江现代装备制造业正从"专业化生产＋园区块状经济"向"专业化分工制造＋系统集成＋产业集群"为主的现代生产协作体系加快演变。

4. 产业升级能力增强

(1) 创新实力显著新提升。在新一轮的发展升级中，九江全面实施百家企业创新、千亿园区升级、万众就业创业的"百千万"工程。其中，城西港区80%以上规上工业企业实现自主科技创新。2015年以来，开发区内已有9家国家高新技术企业，拥有发明10项，院士工作站1家，省级重点新产品6项，省级火炬计划3项，奥盛、江氧分获省科技进步一、二等奖；新增专利申请110件，专利授权90件，已有83%的规上工业企业拥有自主专利，改善了产品结构，提升了技术含量，并逐步转化为现实生产力。

（2）节能减耗获得新增长。九江各类开发区坚持"生态立区、产业兴区、开放活区、创新强区"发展思路，坚持将"绿"作为工业经济发展的"底色"，在转型升级过程中，越来越多的工业企业实现了绿色增长，节能降耗逐渐成为区内产业升级的重要着力点。骨干企业引进和升级生产设备，以节能小家电、新能源、新材料为代表的新型绿色产业兴起"技改潮"。

（3）基础设施进一步完善。"十二五"以来期间，九江新修或改造了长江大道、九瑞大道、浔阳西路、九园路、八里湖北大道等道路，主城区形成"四纵四横"主干路网；兴建了九江国际汽车城、鹤湖学校、赛城湖公园、污水处理厂等一批功能配套项目；生产及生活服务配套逐渐完善。九江市一家面向九江及周边地区集中开展规范电镀业务的万利通电镀集控区，其污水处理中心采用国际先进的污水处理工艺，实现污水集中处理，达到零排放标准。建成了新湖柴桑春天等一批精品住宅小区，还有各类商场、宾馆、休闲场所，为九江经济开发区职工生活提供服务。

二、九江新型城镇化发展现状评价

为加强全省新型城镇化发展的指导，大力提高城镇化发展质量，2015年4月，省推进新型城镇化领导小组组织实施了《江西省新型城镇化发展质量评价指标（试行）》。评价指标主要由人口转移及其市民化、经济发展及其产城融合化、社会公共服务及其均等化、城市建设及其科学化、城乡管理及其高效化、城乡统筹发展及其可持续化六大部分构成。2015年8月至11月，省推进新型城镇化领导小组办公室委托第三方评估机构江西师范大学，对全省各地城镇化发展指标数据进行综合评价。其中，在城市建设及其科学化评分中，九江市、武宁县分别在设区市、县（市）中名列第一。

1. 大九江格局基本形成

九江市各地积极转变方式、更新理念，凝神聚力推进新型城镇化发展，城镇化各项指标不断攀升，打造了城镇化发展的"升级版"。在市级层面，九江城市总体规划修编全面完成，启动编制了九江都市区总体规划，根据规划，中心城市面积将达2 350平方公里、大九江都市区面积达7 070平方公里。目前，全市建成区面积达到254平方公里，中心城区建成区面积超过了100平方公里。县（市、区）中，"四县一山"积极向中心城区融合，大九江格局基本形成。沿路共青、德安、永修积极策应昌九一体化战略，为建设"赣江新区"奠定基础，城镇空间进一步拓展。各地积极策应国家构筑长江中游城市群战略，结合自身实际，以新区建设为突破口，通过规划引领，做大城市体量，为新型城镇化建设赢得了发展空间。修水县竹坪—黄田里新区、永修县湖东新区、共青城南湖新区、彭泽县山南新区、都昌县滨水新区、湖口县洋港新区、瑞昌市大唐新区等规划起点高、推进速度快、社会反响好，已逐步成为各地闪亮的城市名片。

2. 城镇功能逐步完善

学有优教、病有良医、老有颐养、住有宜居、劳有厚得……这是九江绘制的幸福城市蓝图。一直以来，九江市始终坚持以人的城市化为核心，把更多的公共资源投向社会民生事业领域，在提升经济发展质量和效益的同时，大力改善人居环境，提升群众幸福指数。

全市各县（市、区）在推进新型城镇化和城市建设工作过程中，特别突出民生导向。各地坚持以人为本，关注民生，大力推进棚户区改造、保障性住房、农贸市场等民生工程建设，努力将新型城镇化成果惠及广大人民群众，已经实施的众多项目都是打基础、托民生、惠百姓的项目。武宁县依山就势新建自来水二厂，利用落差采取无动力供水，满足了县城和工业园区20万人的供水需求，并在全国率先实现了自来水直接饮用；浔阳区十大片区改造已完成拆迁面积100多万平方米，拆迁户数7 300户；德安县精心策划生成、组织实施了污水处理厂、水厂扩容改造、学校等一大批民生城建项目；永修县、湖口县、星子县、庐山区等地的农贸市场，修水县、都昌县等地的安置房小区，起点高、质量好、配套全，可以说个个都有新特色、处处都是新亮点。

为进一步完善城镇功能，各地坚持把学校、医院、社会福利院、污水处理厂、自来水厂等关乎群众利益、普惠共享的基础性、功能性、公益性基础设施建设摆上重要议事日程，不断完善城镇各类服务功能，提升城市综合承载能力。都昌县新建人民医院西区分院，湖口县引入社会资本倾力打造"石钟情"养老城项目等，均成为当地的亮点。

各地以城市创建为载体，进一步提升人居指数。一方面坚持以"农村园林化、园区城区化、城区景区化"为目标，全面推进公园、广场、绿道等城市景观建设，努力营造"山在城中、城在水中、水在绿中、人在画中"的效果。武宁县的八音公园、九江开发区的护池河、共青城市的珍珠湖公园、星子县的秀峰湿地公园、彭泽县的鹿鸣公园等，依山傍水，风光旖旎，成为广大市民和游客文化休闲娱乐的好去处。另一方面创新城市管理，全力开展城市环境综合整治，有力改变了往日城市"脏、乱、差、堵"的现象，人居生态环境得到明显改善。干净、漂亮、整洁、美观的城区环境，令人心旷神怡。

3. 产城融合稳步推进

工业化是城镇化的发动机，而城镇化又是工业化的加速器。新型城镇化为决战工业提供了空间承载，以新型城镇化和新型工业化互动发展的生动实践，诠释了"做大九江"的丰富内涵。以九江沿江各县市区为例，其工业化、城镇化水平因自然条件、历史基础和社会条件的差异，在空间上表现出一定的差异性（见表4-2）；其中浔阳区、庐山区和开发区作为九江市中心城区具有较高的城市化率，瑞昌市、开发区、庐山区、开发区等近年来工业化率增长较快。

产业是新型城镇化发展的根本，没有产业支撑的城镇化是不可持续的。九江市在推动新型城镇化的进程中，加快了产城融合步伐。各地坚持"产城融合"发展理念，同步推进产业培育与城镇化建设，不断加强城乡产业支撑力度。一是注重"城"与"工"互动。注重城区与园区功能互动，推动产城融合。湖口县按照"发展工业建城市，建好城市引工业"的思路，打造了一园多区、产城一体的发展平台。武宁县在园区、城区接合部举全县之力建设大型灯饰城，带动园区产业拓展升级，打造中国中部最大的灯饰产业集散中心、现代灯饰之城和光电产业新高地。二是注重"城"与"市"互补。各地在造城的同时，注重建好城市产业发展的平台和载体，启动实施了一批商业综合体、专业市场、特色街区、现代物流基地等，逐步形成了布局合理、功能配套、设施齐全的社会综合服务能力。九江开发区的联盛快乐城、庐山区奥特莱斯、九江县皮革城、瑞昌市林安大市场、星子县石材交易中心等大型商业综合体和专业市场，既完善了城市功能、提升了城市品位，又繁荣了市场，聚集了财气人气。三是"城"与"景"互融。各地既注重建城又注重造景，力求把城建项目建成景点景区，把城区建成景区，充分彰显九江市的山水优势和人文资源优势。修水县的宁红茶文化产业园、都昌县的鄱阳湖文学艺术院等项目，实现了城市建设与地方风貌、历史文化的深度融合，成为各地城市的重要景观节点和带动经济发展的新引擎。九江县的中华贤母园、庐山区的南山公园、瑞昌市的中部红木博览城、武宁县的西海湾等项目获得国家4A级景区称号。各地通过产城融合，既改变了城区面貌，又拓展了园区空间，也聚集了人气、吸纳了财气，有效促进了经济繁荣（见表4-2）。

表4-2　　　　　　　九江部分县市区城镇化率和工业化率水平

		2008	2010	2011	2012	2015
瑞昌市	城镇化率（UR）	26.11%	40.25%	41.35%	42.69%	48.61%
	工业化率（IR）	58.7%	60.7%	65.6%	66.3%	72.3%
	UR/IR	0.44	0.66	0.63	0.64	0.66
九江县	城镇化率（UR）	22.9%	37.5%	38.02%	40.35%	45.35%
	工业化率（IR）	46.3%	54.4%	56.8%	55.2%	57.2%
	UR/IR	0.49	0.69	0.66	0.73	0.72
九江经济技术开发区	城镇化率（UR）	81.27%	68.51%	70.41%	71.46%	73.46%
	工业化率（IR）	—	65.3%	65%	64.8%	67.8%
	UR/IR	**	1.05	1.08	1.1	1.2

续表

		2008	2010	2011	2012	2015
浔阳区	城镇化率（UR）	99.42%	97.62%	99.42%	99.45%	99.85%
	工业化率（IR）	—	30.1%	28.7%	29.2%	32.2%
	UR/IR	**	3.24	3.46	3.41	3.51
庐山区	城镇化率（UR）	50.57%	67.51%	72.33%	73.07%	76.07%
	工业化率（IR）	13.7%	32.9%	38%	37.9%	39.2%
	UR/IR	3.69	2.05	1.9	1.93	1.95
湖口县	城镇化率（UR）	22.63%	34.25%	36.8%	39.14%	45.14%
	工业化率（IR）	62.4%	71.4%	70.9%	69%	72%
	UR/IR	0.36	0.48	0.51	0.57	0.58
彭泽县	城镇化率（UR）	16.33%	39.85%	42.9%	43.11%	47.12%
	工业化率（IR）	42.6%	45.1%	49.3%	46.7%	49.7%
	UR/IR	0.38	0.88	0.87	0.92	0.95
九江市	城镇化率（UR）	40.75%	42.53%	44.38%	46.27%	50.27%
	工业化率（IR）	41.1%	46.4%	49.2%	47.9%	49.9%
	UR/IR	0.99	0.92	0.9	0.97	0.99
江西省	城镇化率（UR）	41.36%	44.06%	45.70%	47.51%	51.51%
	工业化率（IR）	41.7%	45.4%	46.2%	45.21%	49.21%
	UR/IR	0.99	0.97	0.99	1.05	1.08
全国平均水平	城镇化率（UR）	46.99%	49.95%	51.27%	52.6%	53.6%
	工业化率（IR）	42.94%	40.21%	39.86%	38.5%	39.5%
	UR/IR	1.09	1.24	1.29	1.37	1.33

三、城镇化与新型工业化协调发展的模型构建

1. 指标体系的构建

科学的指标体系构建直接影响着城镇化与新型工业化评价的质量。本书立足新型城镇化与新型工业化的协调发展，选取一些既能反映二者均衡发展的状态，又能体现各子系统之间相互影响的关键指标，构建了三层指标体系。该指标体系包含2个子系统，用18个指标综合衡量城镇化及新型工业化发展水平（见表4-3）。

表4-3　　　　　　　城镇化与新型工业化综合发展指标体系

一级指标	二级指标	三级指标	计量单位
城镇化发展水平（M_A）	城镇发展总量	A_1 城镇人口占总人口比重	%
		A_2 第三产业从业人员比重	%
		A_3 第三产业贡献率	%
	城镇发展潜力	A_4 城镇居民家庭人均可支配收入	元
		A_5 城镇固定资产投资额	亿元
		A_6 城镇居民人均消费支出	元
	城镇发展质量	A_7 城镇居民家庭恩格尔系数	%
		A_8 每万人拥有公共交通车辆	标台
		A_9 人均公园绿地面积	平方米
新型工业化发展水平（M_B）	新型工业化规模	B_1 第二产业增加值占GDP比重	%
	工业发展质量	B_2 第二产业从业人员比重	%
		B_3 人均工业总产值	元
		B_4 工业人均销售收入	千万时
		B_5 工业人均利润额	元
		B_6 工业人均税收	元

2. 协调度评价模型的构建

协调度模型是评价系统内协调发展的核心，常见的系统内协调度评价模型有隶属函数协调度模型、DEA包络分析、距离协调度模型等。本文采用距离协调度模型，先利用主成分分析两个子系统的发展水平，进而计算各子系统间的相对协调程度以及总系统协调发展度。

该模型包括三类指标：第一类是发展水平指标，用于衡量某子系统在变化中所达到的程度或水平。

$$X_{AB}^t = \omega_1 M_A^t + \omega_2 M_B^t \qquad (4-1)$$

其中，X_{AB}^t 为t时期系统的发展水平指标；M_A^t、M_B^t 表示在某时期t，A、B子系统的综合发展水平；ω为各子系统所占权重，且 $\sum_{i=1}^{2} \omega_i = 1$。

第二类是协调度指标，度量系统实际状况和理想状况的距离。当A、B

子系统运行到某一状态,其综合发展水平分别为 M_A^t、M_B^t,则根据空间距离计算方法,两个系统的协调度为:

$$D_{AB}^t = 1 - \sqrt{\omega_1 (M_A^t - M_{AB}^t)^2 + \omega_2 (M_B^t - M_{AB}^t)^2} \quad (4-2)$$

其中,D_{AB}^t 为 A、B 系统在 t 时期的协调度;$M_{AB}^t = \dfrac{M_A^t + M_B^t}{2}$。

第三类是协调发展度指标。将发展水平指标和协调度指标综合为协调发展度指标,用以衡量系统发展水平和协调的综合状态;令 C_{AB}^t 为 t 时期系统协调发展度,则其计量公式为:

$$C_{AB}^t = \sqrt{X_{AB}^t D_{AB}^t} \quad (4-3)$$

3. 协调发展度等级划分

新型城镇化与新型工业化协调发展度 C_{AB}^t 介于 [0-1] 之间,越接近于 1,表明二者协调发展程度越高,该结构越有序,反之则越低、越崩溃混乱。参考刘凤雏等研究成果,将协调发展度划分为五类等级,如表 4-4 所示。

表 4-4　城镇化与新型工业化协调发展度等级划分

协调等级	协调状态	协调发展度
一级	优质协调	(0.8, 1)
二级	中等协调	(0.6, 0.79)
三级	勉强协调	(0.4, 0.59)
四级	中度失调	(0.2, 0.39)
五级	严重失调	(0, 0.19)

四、九江新型城镇化与新型工业化协调发展的测度分析

选取九江市 2007~2015 年共 9 年相关数据。由于原始数据各指标的量纲不同,首先对原始数据按照公式(4-4)、公式(4-5)进行归一化处理,得到 $A_1'-A_9'$ 和 $B/1-B/6$,以保证量纲一致性;除 A_7 为逆指标,即该数据越小越有利于系统发展,其余数据均为正指标,即该数据越大越有利于系统发展。

正指标： $$x'_{ij} = \frac{x_{ij} - x_{jmin}}{x_{jmax} - x_{jmin}}$$ （4-4）

逆指标： $$x'_{ij} = \frac{x_{jmax} - x_{ij}}{x_{jmax} - x_{jmin}}$$ （4-5）

其中，x_{ij} 为 i 行 j 列的原始数据，x_{jmin} 为 j 列原始数据的最小值，x_{jmin} 为 j 列原始数据的最大值，x'_{ij} 为归一化后的 i 行 j 列的数据。

采用 SPSS19.0 软件对 $A'_1 - A'_9$ 和 B/1 - B/6 进行主成分分析，依据"主成分对应特征根大于1、累计贡献率大于85%"的提取原则，提取出两个子系统主成分的方差贡献率以及主成分得分系数。分析结果见表 4-5。

表 4-5　　新型城镇化与新型工业化发展水平主成分分析结果

一级指标	主成分	（转载矩阵）特征值	方差贡献率（%）	累计贡献率（%）
新型城镇化发展水平	1	6.015	66.833	66.833
	2	2.483	27.586	94.419
新型工业化发展水平	1	7.977	88.632	88.632

以表 4-5 中方差贡献率为权重，以相应主成分得分系数为变量，分别计算出新型城镇化与新型工业化的发展水平。考虑到新型城镇化与新型工业化发展对协调度的同等重要性，将公式（4-1）、公式（4-2）中的权重 ω_1 和 ω_2 均取为 0.5，得出各年份综合发展水平 X^t_{AB} 值。相关结果见表 4-6。

表 4-6　　九江新型城镇化、新型工业化发展水平

水平值＼年份	2009	2010	2011	2012	2013	2014	2015
M^t_A	0.064	0.091	0.207	0.322	0.458	0.581	0.706
M^t_B	0.153	0.221	0.349	0.403	0.527	0.732	0.860
X^t_{AB}	0.109	0.156	0.278	0.363	0.493	0.657	0.783
M^t_A 增长率	—	42%	127.50%	56%	42.23%	26.86%	21.51%
M^t_B 增长率	—	44.44.%	57.92%	15.47%	30.47%	38.90%	17.49%
X^t_{AB} 增长率	—	43.11%	78.20%	30.58%	35.81%	33.27%	19.18%

根据协调度评价模型,进一步得到九江市新型城镇化和新型工业化协调度、协调发展度及等级,如表4-7、图4-3所示。

表4-7　　　　　九江新型城镇化、新型工业化协调度评价

评价＼年份	2009	2010	2011	2012	2013	2014	2015
D_{AB}^t	0.920	0.935	0.929	0.960	0.965	0.924	0.923
C_{AB}^t	0.260	0.382	0.508	0.590	0.690	0.779	0.850
等级	四级	四级	三级	三级	二级	二级	一级

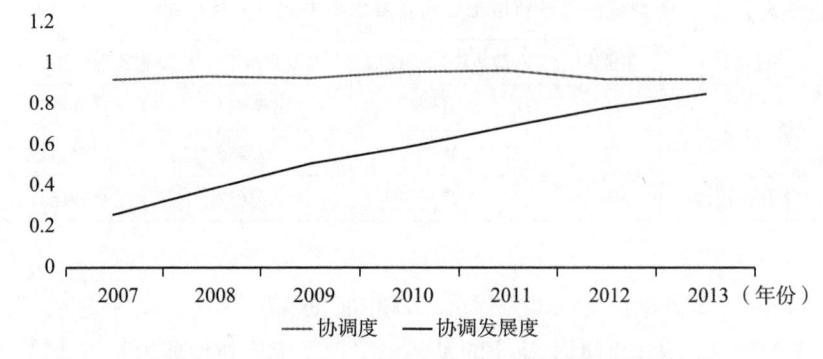

图4-3　"二化"协调度及协调发展度变化示意图

基于九江新型城镇化与新型工业化协调发展的测度分析,可得到以下结论:

从表4-6中看出,九江新型城镇化与新型工业化水平一直处于整体上升趋势,且各年份新型工业化发展水平均高于城镇化发展水平。这说明九江市为落实"统筹城乡经济社会发展,加快建设城乡一体化新体制"的目标,采取了系列较为有效的措施和制度建设。从图4-3中看出,城镇化发展水平较快,年均增长54.8%;新型工业化发展水平较慢,年均增长34.11%。后者发展的相对滞后,主要是因为九江城乡二元管理制度导致了城乡分割的二元经济结构,该结构严重制约农村人口向城镇转移。值得注意的是,2014年以后,新型工业化增长速度首次超过了城镇化增长速度,这也从侧面印证了两个子系统开始形成一定的良性循环,即新型城镇化的快速发展带动了新型工业化的快速发展。

第三节　九江城镇生态化过程的有利条件和制约因素

一、有利条件

1. 工业化中期 M 型曲线的上升通道

"十一五"中后期以来,九江全面实施"两驱互动"战略,大力加强工业化和城镇化,使区域经济社会逐渐迈上发展的快车道,经济增长的内生动力也进一步强化。根据工业化发展的曲线规律(见图 4-4)和用人均 GDP、非农产业产值比重、非农产业就业比重和工业结构水平 4 项指标来衡量工业化的水平的方法。从 2005 开始,九江市 GDP 由 428.9 亿元增加到 1 420.10 亿元,增加了 3.31 倍。2007 年,人均 GDP 达 12 590 元(以 2007 年汇率计算折合 1 724 美元),第一、第二、第三产业结构比重为 13.7%、53.2%、33.1%。由此可以判断,九江市目前正处于工业化中期 M 型曲线的上升通道,并处在加速发展阶段,其特点为二产增速仍将加快,二、三产比重差额还将上升,工业化还将是这一时期发展的主要动力。

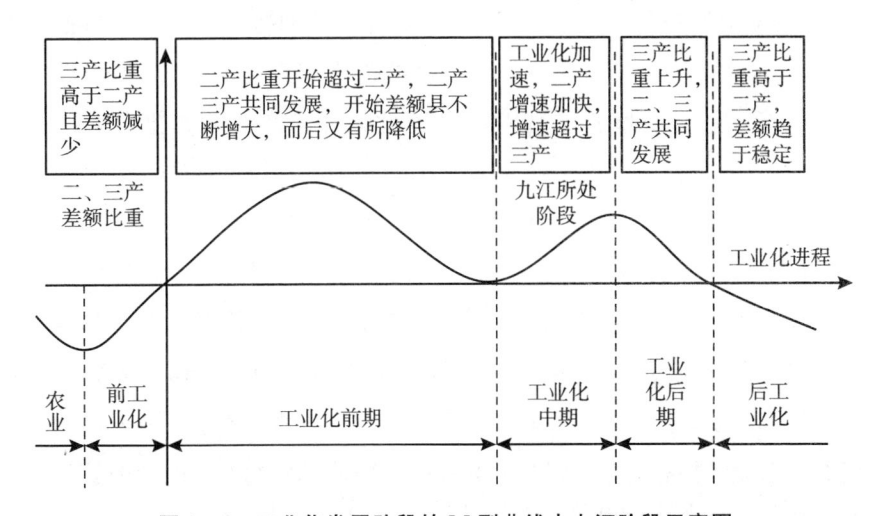

图 4-4　工业化发展阶段的 M 型曲线中九江阶段示意图

2. 资源禀赋优势潜力巨大

水资源丰富：地表水 136.5 亿立方米，水资源总量 141.8 亿立方米，可开发的水力资源 32.9 万千瓦。长江过境长度 151 公里，年流量 8 900 亿立方米，直入长江的河流流域面积 3 904 平方公里，万亩以上湖泊有 10 个，千亩以上 31 个，全省最大水库柘林水库库容达 79.2 亿立方米。鄱阳湖有 53% 的水域在九江境内，面积近 300 万亩。

人力资源丰富：九江市拥有江西财经职业学院、九江学院、九江职业大学等各类大中专院校 40 多所，200 多个专业，每年毕业生有 4 万余人，有充足的人力资源保障。同时由于区域农业剩余劳动力丰富，是外出务工主要输出地之一。

3. 外部发展环境改善

——"长江经济带"和"一带一路"战略带来的机遇。2015 年 3 月"一带一路"国家顶层设计方案发布，江西省谋划建设昌九新区对接福建，打造"一带一路"战略通道，而江西融入长江经济带建设避不开九江经济发展。为此，九江经济发展也迎来了更多机会：用 5~10 年时间，把九江打造成鄱阳湖生态经济区建设的新引擎、中部地区的先进制造基地、长江中游航运枢纽和国际化门户、全省区域合作的创新示范区。江西省商务厅出台了《积极参与"一带一路"战略的措施和意见》，并提出积极参与"一带一路"建设的 33 条具体举措。因此，九江产业发展迎来了新的发展机遇。

——"互联网＋"带来新的产业转型升级机遇。"互联网＋"给传统制造业带来重大发展机遇。制造业发展的焦点在研发和生产，移动互联网对制造业在客户的交互、数字的精准营销以及对 PC 终端系统的改造有非常大优势。制造业在转型过程中，会应用到大量的基础设施和通信、大数据、安全、云计算、物联网、社交等移动互联网时代的技术，制造企业要借助互联网提高制造业的核心竞争力。"互联网＋"相关产业的发展也带来了产业融合和新型业态的发展机遇。

——自贸区试点推广与赣江新区带来的机遇。2016年，赣江新区将全方位对内对外开放，构建内陆双向开放格局。深化与"一带一路"沿线国家交流合作，充分发挥赣欧国际铁路货运班列作用，主动对接上海、福建、广东自贸试验区发展，积极申报建设九江综合保税区等各类对外开放平台，建设国际产能合作示范区。

二、制约因素

1. 县域经济依然不强

2014年全市13个县（市、区）财政总收入在全省100个县（市、区）整体中平均排位第42名，排在最前的瑞昌市也只18名，排在最后的为68名，没有一个县进入前10名，更没有一个县进入全国百强，县域经济总体上在全省设区市中排在第4方阵，与我市在全省地位极不相称，壮大县域经济的任务仍然艰巨。产业同质竞争现象较为普遍，市域内产业空间布局雷同：电子电器在九江经开区、共青城经开区、沙城工业园区等9个工业园区均有分布；纺织服装在6个园区均有发展；化工、汽车分布于4个园区等。不仅市域内园区产业同构严重，与南昌等周边其他城市也存在较为明显的产业同质竞争问题。另外，县级政府的负债也影响县域经济的持续发展。

2. 体制机制因素

城乡二元制结构方面，受长期形成的二元结构体制影响，阻碍农村人口城镇化和城乡之间的生产要素和产品自由流通的各种政策性因素没有彻底消除，仍然带有浓厚的城乡二元制结构思维惯性，如户籍制度、医疗制度、福利制度、住房制度、教育制度和就业扶持制度等。社会保障支持系统方面，主要体现在投融资制度、财政和税收制度、土地管理和社会保障制度等，在服务工业化和城镇化协调发展中难以形成合力。

由于九江一直处于欠发达地区，各类体制改革比较落后，受长期计划经济体制惯性影响，导致市场机制不够完善，这也是制约九江工业化与城镇化协调发展的深层次因素之一。

3. 资源与环境要素制约

工业用地和建设用地指标短缺：由于国家对建设用地指标实行越来越严厉的控制，对于正处于工业化和城镇化加快建设阶段的九江来说，用地指标问题十分突出。基础建设资金短缺：县区经济基础薄弱，同时县区投融资体制保守，资本市场仍处于初级阶段。这些对于要完成工业化和城镇化过程中的基础建设部分的地方财政压力非常大。

环境保护因素。随着2010年我国实施更加严格的"节能减排"制度，同时九江所承接产业转移的多数属于对生态环境具有一定胁迫的产业，使得九江环境保护和节能减排压力进一步凸显，形势将更加严峻。

第四节　九江城镇生态化优化对策

工业化是城镇化的内在动力，城镇化是工业化的空间载体。正确处理工业化与城镇化的辩证关系，以新型工业化为"发动机"引领城镇化水平提升、以新型城镇化为"增长极"支撑工业优化升级，实现工业化城镇化有机结合良性互动，是加快发展的必经之路。

一、以产城融合构建产业新城的特色格局

现代产业园运营开发必须坚持"产城融合"的理念，形成以产业集群为基础，以产业链为核心，以产业配套为支撑，以生活配套为保障，通过产业聚集，产业发展，致富一方百姓，打造一座城市。产城融合以产业园起步，经历三个阶段，随着产业、配套、利润产品的相辅相成，最终演变为功能复合的产业新城（见图4-5）。

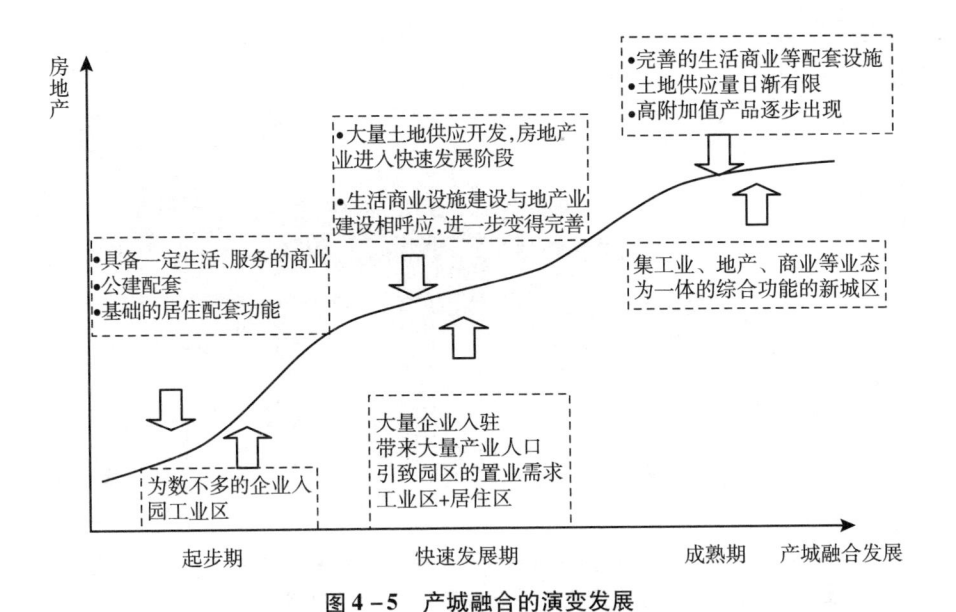

第四章 九江城镇生态化水平测度分析

图4-5 产城融合的演变发展

构建"一心两带三板块"的布局模式，打造特色鲜明、轴片互融、园区联动、产业融合的新格局，推进产业集聚，形成一批主导产业鲜明、产业链条完备、支撑作用显著的产业园区。其中"一心"指中心城区，包括浔阳区、庐山区和八里湖新区（见图4-6）。"两带"指以东部湖区和西部山区为主体的生态经济带，主要包括都昌、修水、星子县和庐山。"三板块"指以九江经济开发区、九江县、瑞昌市为主体的战略性新兴产业板块；以湖口、彭泽为主体的产业转移升级板块；以共青城市、德安县、永修县、武宁县为主体的创新创业板块。

一核：市中心城区，包括浔阳区、庐山区和八里湖新区，位于昌九产业轴和长江产业轴的交汇处，是全市的金融商贸中心、政治中心和科教文化中心，辐射整个市域及其周边邻省县区。城区现有的工业企业规划分期外迁，重点发展金融保险业、现代商贸物流、旅游休闲、租赁商务、信息服务和综合技术服务业等各类高端服务业。

两带：其一是湖区，主要是都昌县、星子县，其二是山区，主要是庐山和修水县。在保护中发展、在发展中保护，在扶贫中发展、在发展中扶贫。重点发展劳动密集型产业、生态农业、农副产品加工、休闲度假与文化旅游业等特色产业，建设九江的生态经济带。

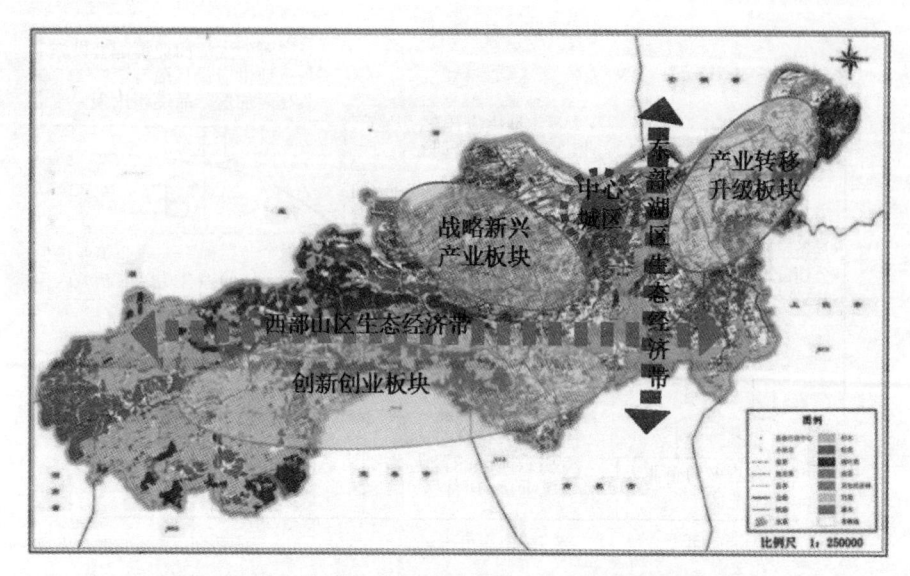

图4-6 九江市产业发展空间模式（"一核两带三板块"）

三板块：一是以九江经济开发区、九江县、瑞昌市为主体的战略性新兴产业板块，重点发展电子信息、新材料、现代轻纺、装备制造和港口贸易。二是以湖口、彭泽为主体的产业转移升级板块，重点对传统工业进行升级改造，加快承接长三角、珠三角产业转移。重点发展精细化工、钢铁有色、现代轻纺、港口物流业。三是以共青城市、德安县、永修县、武宁县为主体的创新创业板块，重点发展纺织服装、有机硅新材料和电子信息、新能源产业，加速引进孵化器、产研院和扩展型科技企业，重点打造全国青年创新创业竞赛平台和科技成果交易平台，坚定不移地推进共青科教城建设。

二、以产业融合实现产业的高端延伸

现代服务业与先进制造业融合发展是现代产业演进的客观规律。服务业与制造业融合发展是深化专业分工、扩大就业与消费的重要举措，也是提高人民生活水平、扩大税源的重要举措（见图4-7）。

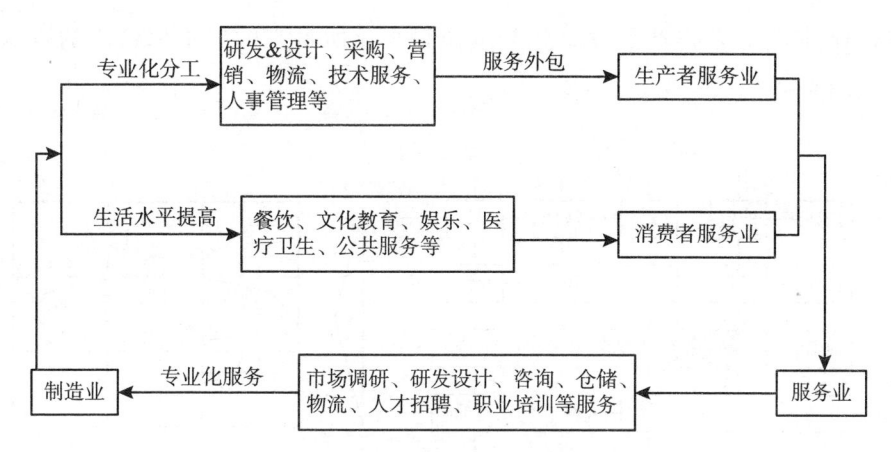

图 4-7　制造业与服务业深度融合进程

从国外现代服务业与先进制造业融合的现状来看，表现为制造业企业功能服务化、制造业硬件产品的软件化、制造业服务外包化，融合发展模式有替代、互补、结合、绑定、延伸等多种模式，既有企业内部的融合，也有产业链及区域上的融合。以产业为支撑，牢牢把握产业发展的新趋势，坚持先进制造业和现代服务业"双轮驱动"。大力发展生产性服务业，合理发展生活性服务业，完善园区服务功能。

服务型企业战略合作平台为入驻企业降低成本、提高效率（见图4-8）。

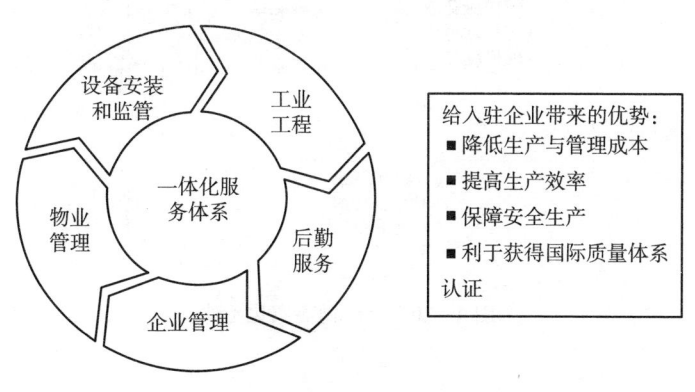

图 4-8　服务型企业的效应

这些现代服务型企业的注入可为园内企业提供高效率、低成本的多种其核心流程以外的其他业务；可为入驻企业的发展提供良好的战略合作平台，从而使其充分获得产品扁平化与运作扁平化所带来的成本和效率的双赢（见图4-9）。

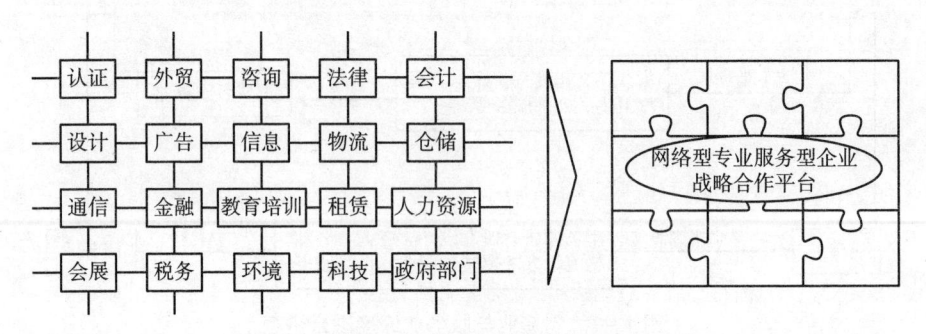

图4-9 服务型企业构建的网络战略合作平台

为此，九江工业园区需要大力发展先进制造业和新兴产业，突破核心技术和关键领域，拓展产业价值高地；大力发展文化创意、创新金融、现代物流、网络信息、跨境电子商务、品牌会展等高端服务业，构筑产业服务高地。大力推进各类企业总部入驻，重点打造总部经济，形成"以总部经济为核心，六大集群为支柱，新兴产业为增长点"的产业格局（见图4-10）。

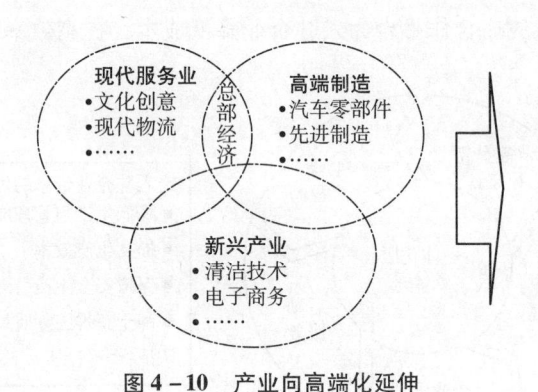

图4-10 产业向高端化延伸

三、以港城联动带动沿江与腹地城镇的融合发展

充分发挥沿江核心优势，以港口建设为龙头，以产业集聚为支撑，以物流园区为纽带，以口岸商务为配套，以功能项目为载体，以中国工业2025为

契机，改造提升石化、钢铁有色、造船、建材等临港产业，并重点引进金融、保险、国际货代、船舶代理、各类事务所等生产性服务业项目，以及商业贸易、星级酒店、文化体育、医院、学校等城市生活性服务业项目，促进港口的城市功能提升，最终建成集高水平的城市新区、高层次的产业聚集区、高标准的口岸商务服务区于一体，环境优美、充满活力、持续发展的现代化临港新城。

按照长江中游新兴港口工业城市定位，推动西部副城临港先进制造与新型港城融合发展，强化沿江资源要素的整合以及沿江与腹地城镇的融合发展，构建临港先进制造与新型港城融合发展格局。围绕生态赤湖，构筑"一环三片"空间结构，重点推进瑞昌产城融合发展区、码头产城融合发展区和赤湖产城融合发展区三大板块建设，合理控制沿湖沿江生态空间，利用沿湖、沿江湿地和历史文化底蕴优势，大力发展生态观光、文化旅游，建成沿湖生态旅游环（见图4-11）。

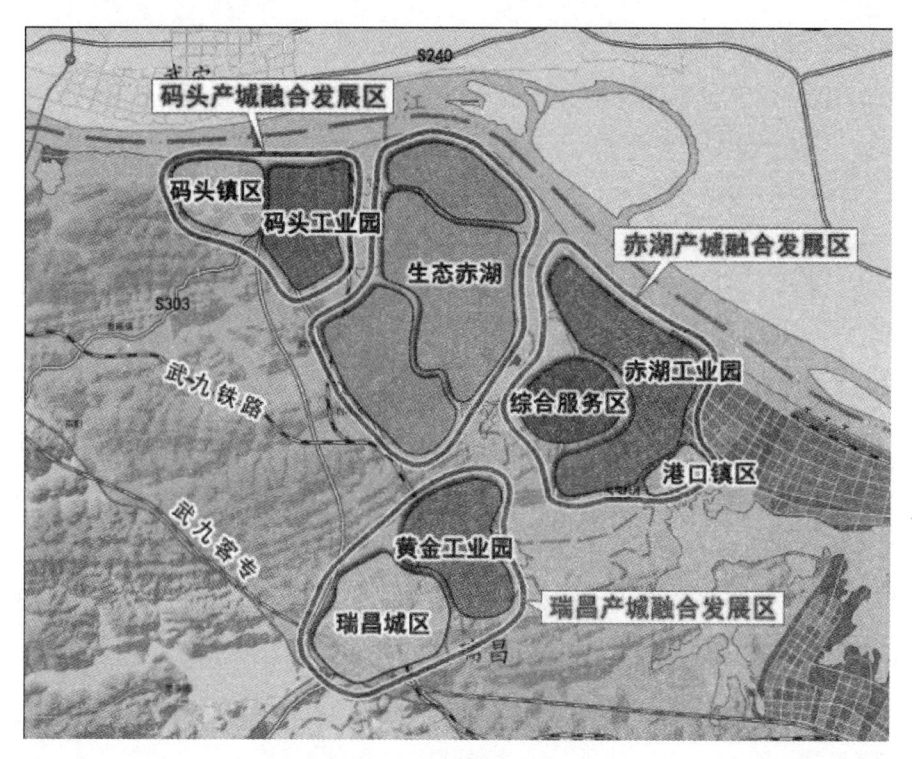

图4-11 西部副城功能结构

推动东部副城临港重型工业与新型港城融合发展，强化沿江产业资源要素的集聚，重点引导临港产业园区与湖口城区、彭泽城区等协调布局，形成临港重型工业与新型港城互动发展格局。依托长江岸线和区域交通轴线走势，充分考虑山水生态空间的自然隔离，构筑"一带三片"的串珠状空间结构，重点推进湖口、澎湖和彭泽三大产城融合发展区建设（见图4-12）。

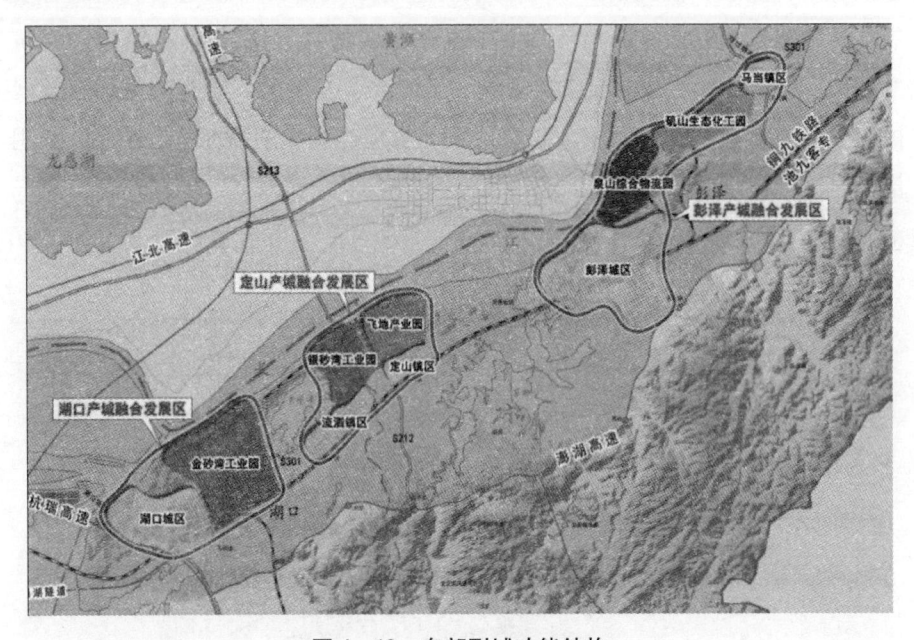

图4-12 东部副城功能结构

按照昌九一体化发展走廊上的重要战略支点和低碳生态新城定位，推进南部副城和新兴港城融合发展。坚持生态优先和低碳发展策略，重点发展高新技术产业与现代服务业，形成低碳制造与生态新城融合发展格局。依托昌九一体化发展走廊，形成"一轴两区"的空间结构，重点推进德安产城融合发展区和庐山机场发展区两大板块建设（见图4-13）。

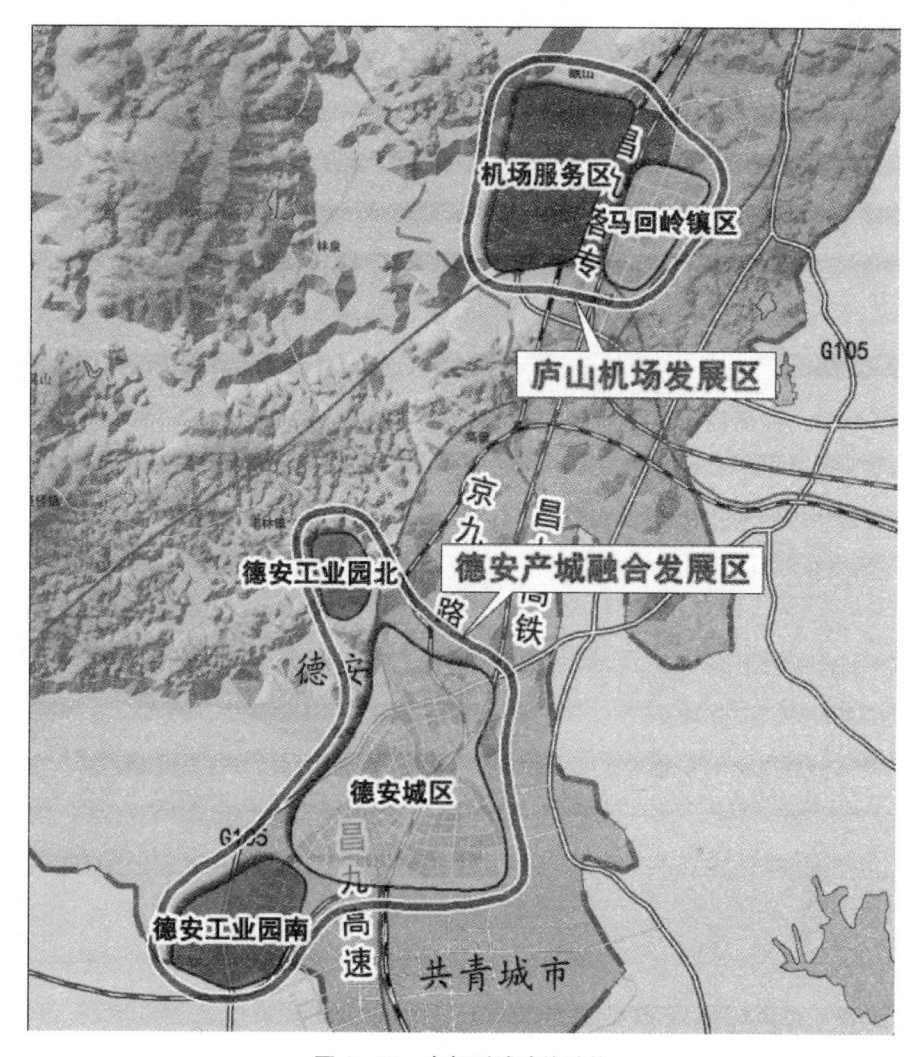

图 4-13　南部副城功能结构

四、以产业集群培育工业化城镇化的有效载体

产业集聚区不但是工业空间集中的平台，也是促进人口集中、提高城镇化水平的平台。因此，要充分发挥产业集聚区的战略支撑作用，以加快产业集聚区建设步伐带动城镇化的快速发展。

1. 培育壮大产业集群，突出集聚集约

进一步优化规划布局，围绕主导产业定位，重点引进关联度高、辐射力大、带动力强的龙头型、基地型项目，促进同类和关联企业、项目高效聚集，并以龙头企业的"核心技术、重点产品"推动产业链延伸，推动工业集群发展。科学规划、强化引导各县区产业集聚区建设，加大协调力度，使引进项目分门别类地入驻各产业集聚区。集约集成使用园区资源，强化要素保障，通过优化园区企业结构、产业结构和提升资源使用效率，着力夯实园区基础设施配套，不断挖掘园区承载能力。

2. 加强专业园区建设，突出特色集群

重点应该聚焦于园区内的传统优势产业改造升级、扶持新兴主导产业发展以及发展现代服务业。应用网络技术、智能技术以及专业先进技术改造传统工业，大力发展现代服务业，为产业升级和新兴产业发展服务。进一步完善提升以北汽昌河为龙头的汽车及零部件产业，以杭氧制氧机、中船海洋装备产业园为龙头的现代装备制造产业，以巨石玻纤、明阳电路板为龙头的新材料产业，以旭阳雷迪、超日太阳能为龙头的新能源产业，以艾美特家电、志高空调为龙头的电子电器产业，以汇源果汁、天地壹号醋饮料为龙头的快速消费品和以上港集装箱码头、物流、大润发、九方及总部经济为龙头的现代服务业等6大主导产业集群。

3. 健全公共服务平台，突出产城互动

统筹现有城区与产业集聚区功能布局，推动城区基础设施向产业集聚区延伸。一是完善基础设施，加快完善道路、供排水和污水管网、供电、供热、供气、通信等设施建设；二是完善生产性服务功能和生活性服务设施，加快园区内标准化厂房、安置小区、招商服务、物流配送等公共服务配套设施建设。以城市功能完善促进产业集聚，以产业集聚增强对农村转移人口的吸纳能力，促进城乡统筹发展。通过迁村并点推进产业集聚区内村庄向城镇社区转化，完善户籍、就业、社保、教育、医疗等配套政策，率先实现城乡一体化。

五、以资源环境可持续理念实现区域科学发展

推进工业化、城镇化一定要处理好经济建设、人口增长与资源利用和生态环境保护的关系。

（1）坚持绿色发展，构建节约、清洁、低碳、循环为主要特征的产业体系；从源头上抓起，科学选择，从严把关，实行严格的环境准入制度；支持企业节能降耗、减排治污技术改造，提高水、土地、能源的节约利用和综合开发水平，大力发展循环经济，努力实现节约发展、清洁发展、安全发展和可持续发展。

（2）加强环境监测仪器设备的开发应用。通过政产学研合作模式，加大招商力度，大力开发大气、水、重金属在线监测仪器设备，培育发展一批掌握核心技术、产品质量可靠、市场认可度高的骨干企业。加快大气、水等环境质量在线实时监测站点及网络建设，配备技术先进、可靠性高的环境监测仪器设备。

（3）扩大环保服务产业。在城镇污水处理、生活垃圾处理、烟气脱硫脱硝、工业污染治理等重点领域，鼓励发展包括系统设计、设备成套、工程施工、调试运行、维护管理的环保服务总承包和环境治理特许经营模式，专业化、社会化服务占全行业的比例大幅提高。加快发展生态环境修复、环境风险与损害评价、排污权交易、绿色认证、环境污染责任保险等新兴环保服务业。

（4）特色小城镇建设方面，加快小城镇建设步伐，做好村镇规划，完善村镇基础设施建设，调整乡镇企业布局，引导乡镇企业相对集中到小城镇，提高瑞昌市、九江县、湖口县、彭泽县等县城的聚集经济效应和对外辐射功能。同时着力发展区域性的中心镇、重点镇（如马当镇、定山镇、芙蓉镇、流四镇、码头镇等）。加大以美化、净化、亮化为主要内容的城市环境整治力度，不断提升城乡整体形象。

第五章

九江生态文化特征分析

　　生态文化是人类在其赖以生存的生态环境（包括气候、水文、地貌、土壤、矿藏、动植物等自然要素）中，自觉或不自觉地进行文化选择而形成的，是人类适应、利用、改造环境或被环境改造的过程中，文化与自然互动发展所积累形成的知识和经验。生态文化存在于人类历史发展过程的始终，是人与自然相互作用的产物，蕴含或体现在人类的宇宙观、社会组织、宗教信仰、生产方式、生活方式、风俗习惯之中。

　　九江地理位置优越，襟江带湖，处于长江、鄱阳湖交汇处附近，东南面基本上与鄱阳湖平行，通过航运到达庐山、离开庐山均十分便利，九江距离庐山很近，为庐山提供了生活来源。九江的历史文化，主要包括围绕"山"形成的"庐山文化"和围绕"水"形成的"浔阳文化"。"庐山文化"和"浔阳文化"各有特点，互为依托，不可分割。

　　庐山峰峦峡谷众多，植被茂盛，西北面山坡较为平缓，易于登临，而东南面则不乏奇峰叠嶂、悬泉瀑布的美景。鄱阳湖的暖湿气流沿着东南山坡上升，形成了云雾缭绕、变幻莫测的景观，且使山顶气候凉爽，适宜避暑。这些特点，使庐山在全国名山中独具一格。从东晋以来，人们到达九江以后，便在山中广建寺庙、道观，结庐隐居，游山玩水，谈玄说理，写诗赋词。对于这些人来说，九江城区的政治、军事、经济活动符合他们的现实需求，而庐山则满足了他们的文化与精神需求。如此不断积累，就使庐山成为一座文化荟萃的名山，其文化成分与九江城区一带的文化既相互关联，又形成区别。近现代以来，经济水平的提高，更使庐山牯岭成为著名的"清凉夏都"。

长江九江段 150 公里，水运发达，是长江鱼苗主要捕捞水域。自宋开始，捕捞天然鱼苗运至各地池塘水体养殖，形成了长江鱼苗产业。境内湖泊星罗棋布，万亩以上湖泊 10 个，千亩以上 30 多个，天然渔业和养殖渔业发达。鄱阳湖是典型的季节性过水型湖泊，属水位制约水量吞吐平衡而形成的连河湖。每年春夏之交，湖水猛涨，水面迅速扩大，烟波浩渺；但到了冬季，湖水剧降，洲滩裸露，水流归槽，湖面仅剩几条蜿蜒的水道，形成"高水是湖，低水似河""洪水汪洋一片，枯水漫长一线"的自然景观。鄱阳湖水生动植物资源丰富，天然渔业产量高，有"渔舟唱晚"之美誉。鄱阳湖地区以鄱阳湖平原为主，根据地貌高程、形态、土地利用状况分为山地、丘陵、岗地、平原。土壤类型多样，主要有草甸土、黄棕壤、红壤、水稻土、旱地土壤等。鄱阳湖因三次海侵而形成，第一次海侵，积水成彭蠡泽，第二次海侵长江自西向东穿泽而过，第三次海侵发生在三国至隋代，彭蠡泽向南扩展形成了现代鄱阳湖的雏形。隋唐以后，鄱阳湖区成为江南富庶之地，素称"鱼米之乡"。

九江的文化，是不同历史时期来自五湖四海的人士，甚至包括西方人士所共同创造的，具有"多元共生"的精神品格，不能以简单的地域性来概括。在九江多元文化中，各种文化成分及其地位都是举世瞩目的，其中也孕育了许多生态文化内涵，如山水田园文化、书院文化、宗教文化、旅游休闲文化、茶文化、民俗文化等，是当今进行生态文明建设中对生态文化形态继承和发展的基础。

第一节 农耕文化

九江区域的早期人类活动可以追溯到新石器时代，主要遗址有修水县山背遗址、湖口县史家桥遗址、文昌洑遗址、下石钟山遗址、九江县神墩遗址、磨盘墩遗址、大王岭遗址、德安县石灰山遗址。从遗址发掘出土的磨制石器或烧制陶器网坠，石质锛、耙、锄、镰、铲等生产工具，稻谷壳、稗和稻穗的枝梗等印迹，猪、牛、龟、鳖、蚌、田螺等动物骨骸，可以推测早期人类生产、生活方式为以渔猎为主、简单的作物种植和牲畜养殖为辅。其时，九江地区自然环境多高山森林，地貌复杂。茂密的山林植被和丰富的网状水系为古代氏族部落提供了优越的栖息条件，渔猎经济延续不断，逐渐开展了农业生产，并对长江流域稻作农业的发展起到了重要的作用。

当中原的夏、商、周帝国兴起时，处吴头楚尾、中原与南方的结合点的九江地区生息着"断发文身"、刀耕火种的三苗人。在山海环境的变迁中，立足于生存和开拓，形成修河流域的古艾侯国、博阳河流域的敷浅原等人类聚居地。虽然出现瑞昌铜岭矿冶开采场，但大多依山傍水而居，以农业和渔业为主要生活方式，隶属扬州管辖或受封为艾侯。原始农业文化体现了生态环境与生存环境、生活环境的有机统一，渔猎与早期农耕生产依赖丰富的自然资源生活环境，对自然环境破坏较少，渔猎和农耕生产既是他们的生存方式，也是他们的生活方式。魏晋时期，大量流民南下移居九江，中原铁具农作方式向南方扩展，农业生产效率提高，农耕土地面积大幅增加，形成优质米产区。《隋书食货志》"在外有豫章仓、钓矶仓、钱塘仓，并是大贮备之处"。钓矶仓设置在九江郡今都昌县，豫章仓在豫章郡今南昌赣江边，表明隋代京城以外的大粮仓有三分之二在九江附近。唐代江西"出米至多，丰熟之时，价亦极贱"。九江米市始于唐宋，形成于明清，清末民初最为鼎盛，与芜湖、无锡、长沙合称"四大米市"，清乾隆三年八月至四年四月的8个月，经九江转口米船达53 032艘，关税收入曾居全国十二钞关之首。1935年，九江商业街从事米购销业务达130多家。九江云雾茶始于汉代，唐宋时期九江、南康等地都是重要产茶区，庐山云雾、修水双井被誉为绝品，与汉口、福州并称"三大茶市"。明代，九江府设立渔业课税机构河泊所9个，鱼苗厂1个，主要鱼课对象为沿江、湖、河捕捞渔业及鱼苗业，修水、武宁县发展出"宁红"茶，风靡海内外。九江在隋朝开始栽桑养蚕，缉麻织布，形成丝织业和麻纺业。清代彭泽县马当镇"历年所产棉花不下数十万者，而南北商贾络绎不绝"。

九江农耕文化持续时间长。九江地区是我国长江流域稻文化历史悠久的基地之一，自1.2万年前采集野生稻作为食物开始，至新石器时代中期稻作农业文明的形成，先人们在这片土壤上繁衍生息。尽管经历了彭蠡泽南侵，但稻作农业一直是这里最主要的经济基础。其间，三国吴时期的屯田和郡县农业、两晋南朝时期铁器耕作的南移、隋唐灌溉水利设施建设、唐宋漕粮运输体系的完善推动着九江稻作农业逐步发展，形成一个个高潮。九江地区稻作农业在向周边地区辐射延展的同时，不断自我加深文化内涵，从物化的形态向精神形态提升，形成草龙制作表演、米酒酿造技艺、粑俗等丰富多样的民俗文化。

第二节 隐逸文化

九江的隐士历史始于殷、周之际的匡续先生，世人习称匡俗。"匡庐"之名由此而来，其后，庐山隐逸之士日多。据吴宗慈《庐山志》统计，自周至清，在庐山隐逸、姓名可考者近300人。那些超尘脱俗的隐逸之士视自然山水为精神家园，流连于山林泉石，融入自然，品茗饮酒，书墨抚琴，诗赋吟和，保持人格的独立与尊严，仰慕天人适中的人生状态。隐逸传统以及隐士的文化创作与传播，集聚为丰富而颇具特色的隐逸文化。九江的隐逸文化以庐山最具代表性，其余如武宁的太平山、都昌的南山。

九江隐逸之士多种多样，表现有：(1) 道隐，源于孔子《论语》："天下有道则见，无道则隐"，隐是维护道的一种气节，"仁者乐山，智者乐水"，托付山水成为隐逸之士的社会文化行为。九江隐逸之士不乏道隐者，其隐是求志待时，如西晋的董奉、唐朝的刘轲、杨衡、李渤等。(2) 心隐，来源与庄子的"解心之谬"，九江心隐者不仅身隐逸与社会之外，心亦超乎世俗传统观念，淡泊自甘，如南朝的宗测、唐朝的胡份、宋朝的王元甫、明朝的王一𪕪等。(3) 林泉隐，视九江自然山水为特定生命意识、坚持文化理想、审美情趣的场所，是九江隐士的主体，如周朝的匡续、秦朝的"伊叟"、汉朝的"野老"、三国的孙钟、西晋的"寻阳四隐（翟汤、翟庄、翟矫、翟法赐）"、东晋的"寻阳三隐（周续之、刘遗民、陶渊明）"、南朝的宗炳、隋朝的智光、唐朝的李白、白居易、元集虚、柳浑、南唐的史虚白、宋朝的蒯鳌、柳宠、周敦颐、刘涣、邢凯、明朝的张自烈、清朝的章枝等。

第三节　山水田园文化

　　九江的山水田园文化是指以山水田园文学、隐逸文化为代表的文化，体裁有田园诗、山水诗、山水游记以及大量的绘画作品等，名人有陶渊明等，名作有李白、白居易、苏东坡等人创作的诗歌等，其中歌咏浔阳、庐山的诗歌（主要是山水田园诗）至少有 16 500 多首，这还不包括鄱阳湖以东、修河流域及瑞昌、德安等县的诗歌。

　　九江的山水田园文化具有开创风气、名家辈出、名作迭出的特点。魏晋南北朝时期，是九江山水田园文化的开创期，出现了中国山水诗的开创者谢灵运所创作的名篇以及高僧慧远的《庐山记》等作品，更出现了"隐逸诗人之宗""田园诗人之祖"陶渊明。陶渊明成为中国田园诗歌的开创者、隐逸诗人的典范，《桃花源记》从山水田园文学的层面上升到人类社会理想的层面，影响极为深远。在他以后出现的唐代山水田园诗歌、隐逸诗歌，均遵循了他所创立的诗歌传统。唐宋时期，歌咏庐山山水的名家甚多，如李白的《庐山谣》《望庐山瀑布》、白居易的《大林寺桃花》、苏轼的《题西林壁》等，都是家喻户晓的名作。东晋时出现的庐山山水画，也成为中国山水画的先驱，此后出现大量描绘庐山的绘画作品，以至于"庐山烟雨浙江潮"成为一种艺术符号，对中国"国画"的形成具有重要的意义。九江的山水田园文化，起源于东晋，发育于唐朝，鼎盛于两宋，发展于明清，演变于近代。

　　九江本土诗人陶渊明以淡雅洒脱的笔触对乡野景象的描述，绘制出一幅幅优美静谧的田园图画，"方宅十余亩，草屋八九间。榆柳荫后檐，桃李罗堂前。"（《归园田居其一》）"采菊东篱下，悠然见南山。山气日夕佳，飞鸟相与还。"（《饮酒》），"晨兴理荒秽，戴月荷锄归。"（《归园田居其三》）"木欣欣以向荣，泉涓涓而始流。"（《归去来兮辞》）"平畴交远风，良苗亦怀新。"（《癸卯岁始春怀古田舍其二》）"春秋多佳日，登高赋新诗。"

(《移居其二》) 表达了对悠远绮丽的田园生活的向往与追求。慧远的"崇石吐气清，幽岫栖神迹。希声奏群籁，响出山溜滴。"(《游庐山》) 刘遗民的"文峰无旷秀，交岭有通云"(《和慧远游庐山》) 谢灵运的"春晚绿野秀，岩高白云吞。"(《入彭蠡湖口》) 鲍照的"鸡鸣清涧中，猿啸白云里。"(《望石门》) 恽敬的"凡大山得水，能敌其大以荡潏之，则灵；而江湖之水，吞吐夷旷，与海水异。故并海诸山多壮郁，而庐山有娱逸之观。"(《游庐山记》) 这些千古名句蕴含了古代文人对自然优美的生态环境认识与崇尚。

第四节 宗 教 文 化

九江的佛教、道教宗教文化主要集中于庐山及其周边地区，还有位于修河流域的永修真如禅寺、修水黄龙寺，它们也是全国闻名的宗教文化场所。九江佛教、道教宗教文化种类繁多，不同派别也出现在九江地区，如佛教的净土宗、曹洞宗、黄龙宗等，道教的正一派、全真派等。近代至民国时期，则是西方传教士大量进入九江、大规模介入文化活动和地域开发的过程，基督教、天主教、伊斯兰教、东正教等外来宗教均出现在这一地区。九江宗教文化的发达时期在东晋、南朝，中晚唐时期，南唐时期，两宋时期，明代中晚期，元明之际，近代至民国时期。

九江佛教文化驰名中外、影响深远。由东林寺产生的净土宗，成为佛教中与禅宗分庭抗礼的著名教派，流布海内外。九江名刹林立、名僧辈出。据不完全统计，历史上先后出现在浔阳城及庐山周边的佛寺多达1 000处。庐山的东林寺、西林寺、大林寺被称为"三大名寺"，秀峰寺、海会寺、万杉寺、栖贤寺、归宗寺被称为"五大丛林"，永修真如禅寺、修水黄龙寺则成为曹洞宗、黄龙宗祖庭。著名佛教人物慧远、释德清、太虚法师等都曾长期在庐山活动。近代以来，曾任云居山真如禅寺主持的著名人物有中国佛教协会第一任名誉会长虚云法师，中国佛教协会会长一诚法师、传印法师等。九江道教也有重要成就。三国末董奉在庐山下修道行医，种植杏林，"杏林"

成为传统医学精神的象征。陆修静的简寂观及庐山太平兴国宫对道教上清派、内丹派的发展起到了重要的推动作用，太平兴国宫始于唐代（时称九天使者庙），鼎盛于两宋。吕洞宾、白玉蟾等著名道教人物均曾在庐山活动过。

佛教文化中包含着丰富的生态思想资源，如缘起论、生命观、净土观等，对于我们今天的生态文明建设具有很大的启迪意义。缘起论与生态思想的联系主要体现在"一念三千"的有机整体论的世界观与"依正不二"的天人关系等方面。"依正不二"观念阐明的是生命主体与其生存环境之间的内在关联，注重揭示人的无明、贪欲对于生态危机的根源性。中国天台宗"一念三千"主要揭示众生一念心乃至任一具体事物与三千世间之间存在的本然的整体性关联，在突出世界存在的整体性、人与世界万物之间的整体性关联等方面，与当代生态文化世界观是相一致的。佛教生命观体现在尊重生命、关爱生命的思想特征，主要体现在"予乐拔苦"的慈悲观和"众生皆有佛性"的生命平等观等。净土观体现的生态理想主要表现在对西方极乐世界空气清新、水质甘美、树木鲜花鸟类繁多、自然和谐有序的描述，体现出佛教对于理想生态环境的认识。

道教思想有关于生态及生态文明的内涵，主要体现在万物平等的生态观念、利而不害的生态伦理、为而不争的人生态度。道教认为道是万事万物的本根、本原，天地万物都是由道化生的，物与物之间无高低贵贱差异。人类对待自然应当秉持"利而不害"的态度，自然界的一切本是自然天成的，人类为了自身利益而破坏自然界本来的生态平衡，这是人类需要反思的。人类对他物占有与征服源于人类贪欲与不知足。道教倡导依靠自己的努力获得应得的权益，"为而不争"地处理好人类与自然万物的关系。

基督教有关生态思想表现在创造论、禁欲、泛爱等方面。基督教《创世记》中认为，人受上帝的委托管理世界，人就有管理世界的责任，但没有剥夺各种自然物生命的权利。人要保护各种生物不受侵害，要视自然万物"各从其类，滋养良多"。基督教认为欲望是占据人心灵的野兽，倡导人们祛除对财富、情欲、物质生活的追求，人们心中对物质的欲望减少就会在某种程度上降低对环境资源的掠夺。基督教的泛爱倡导关爱自然，要从心理上对自然界有足够的重视，遵循自然的发展规律，与自然和睦相处。

　　天主教社会思想的生态关怀主要现在于：自然的圣显性，自然的神圣性，和谐得救观等方面。自然的圣显性表现在每个自然之物都反映着造物者的美善，一草一木、鸟兽虫鱼都是天主的镜子，在大自然突显的是美的面向，自然物种的多样性是大自然美的重要因素。自然的神圣性体现在平衡的生态自然观，自然之物都有其内在价值，尽管大自然不是神，却在某种程度上分享神的神圣性。天主教认为人与大自然的和谐是人与人和谐的前提，人类在经历末世得救后将建立幸福的理想生态环保国度。

第五节　书院文化

　　书院教育是中国古代最主要的教育形式，江西有书院1 000多所，位居全国之首。九江地区的书院，以质量取胜，其中濂溪书院、白鹿洞书院均扬名天下。九江地区还有德安的东佳书院，这是义门陈氏建立的家族书院，是全国最早具备学田、教规、聚徒讲学之规制的书院之一。位于九江城区的"肄武书院"是全国少见的以教习"武学"为内容的专门书院，这与九江的重要军事地位是分不开的。此外，还有宣扬王阳明学说的阳明书院，以及体现"西学东渐"特点的近代书院——同文书院。九江地区沿长江、环鄱阳湖分布的书院还有瑞昌的蔡氏义塾，星子的髻山书院，都昌的经归书院、南山书院，彭泽的五柳书院等，在修河流域有修水的景濂书院，武宁的柳山书院、正谊书院，永修的云扬书院、雷塘书院等。九江书院文化的发达时期起始于中唐，成型于两宋，繁盛于明朝中叶。

　　九江的书院具有引领风气、开创模式的作用。书院起源于唐代，成熟于宋代。南唐升元中（937～942）建有庐山国学，置田聚徒。北宋以来，理学兴起，科举制度成熟，书院逐渐发展为以理学教育为主的教育场所，周敦颐的濂溪书院（最初称为"濂溪书堂"）成为最先实施理学教育的场所。周敦颐之后，全国各地以"濂溪书院"命名的书院纷纷出现，体现了九江濂溪书院的广泛影响，堪称理学教育的"鼻祖"。白鹿洞书院自从朱熹修复并颁布《白鹿洞书院揭示》实施教育之后，成为理学教育的"样板"，拥有"天下书院之首"之美称。九江的书院是古代各种思想流派不断登台表演的"大舞台"。宋代的程朱理学、陆九渊学派，明代王守仁心学及心学的各个流派，清代的"汉学"，都在白鹿洞得到了充分展示，使白鹿洞书院不同于以科举考试为目标的一般书院。

儒家传统文化的核心思想是"天人合一"和"仁爱"，也是中国古代生态智慧的精髓。"天人合一"的理念认为，天最大的禀赋是四时运行、万物生长，天命是自然客观的必然性，知天命是掌握自然规律，人类与万物都是天地自然参赞化育的结果，人类与自然万物各安其位、坦然共处、和谐共存、稳定发展。"仁爱"内涵包括："亲亲""仁民""爱物"，天地万物自身浑然一体，人必须如爱身体一般地爱护天地万物，故人类不仅要尊重自己的生命，也要尊重其他万物的生命。把仁爱之心推人及物，如果随意破坏资源，将会对人类自身造成损害。白鹿洞书院环境优美，绿树掩映，山林占书院面积的90%以上。

九江的书院文化影响深远。著名学者胡适在《庐山游记》中指出，慧远的东林寺代表了中国"佛教化"与佛教"中国化"的大趋势，白鹿洞书院代表了中国近世七百年"宋学"（宋明理学）发展的"大趋势"，牯岭代表西方文化侵入中国的趋势。

第六节　建筑文化

九江物质文化遗产主要体现在遗址（如都昌鄡阳城遗址、永修吴城遗址等）、民居（如都昌砖木结构花屋、武宁曹家老屋等）、宗祠（如都昌李贺祖厅）、寺观（如庐山东林寺、云居山真如寺、九江能仁寺等）、桥梁（如都昌徐埠桥等）、码头（如姑塘镇码头等）、楼亭（如南康镇谯楼、吴城镇望湖亭等）等建筑形式，其中最能表现生态内涵的有中式乡村民居和西式庐山别墅。

中国古人在城乡聚落和建筑活动中表现出重视自然、顺应自然，与自然相融合的环境意识。庭院布局采用围合式，由院墙和屋宇围合的封闭空间可以有效地阻挡寒风的侵袭，而天井和屋檐的结合又可以满足遮阴和采光等要求，同时具有较高的土地利用效率，离散型建筑布局又能最大限度地减小火灾对建筑的破坏。单体建筑采取抬高地面的台基结构，可很好地保持其上土木构件的干燥，避免水湿和虫害的侵扰。构筑选材上，以土、木、石相济的木构架建筑体系为主体、建筑选材多样、构筑形态多元的特点，木构架承重体系形成穿斗式和抬梁式两种基本形式，木构架的荷载经由椽、檩、枋、梁、柱到基座，层层传递，清晰明了。建筑装饰主要集中在构架节点的附加件和自由端上，内部门、窗、隔扇、挂落，花罩中的各种棂栅格网以其透空的图案赋予建筑内外空间的流动和渗透，形成了中国传统建筑质朴但不粗俗，精致而不淫巧，厚重却不沉滞的美学特点。

庐山别墅外形精巧，尽量隐藏于绿树之中，这些树木对于保护庐山原有的优美风光、丰富庐山的植被景观、加强别墅与环境的联系与和谐，都起到了很好的作用。别墅的围墙都以石砌，很矮，有些仅到膝盖，便于人们在院中眺望山景。别墅的外墙基本选用石头为材料，石料多为花岗岩、石英砂岩。在加工上，有两种形式，一为"菠萝皮"，即对毛石的凿削较粗放，使之外型类似菠萝皮，另一为"荔枝皮"，即加工略细，鳞状的点凿较密。这两种加工形式，都保留了石面的粗糙，而不求光滑。因此，庐山别墅的整体质感是自然的，弱化了人工斧凿的痕迹，与大自然构成的意趣。采用铁皮瓦为屋顶，那星星点点的铁皮瓦屋顶使你每每感受到人气的存在，而没有孤身山中的寂寞。庐山别墅大部分有敞开式外廊，外廊是连接别墅与大自然的一个纽带，站在外廊眺望，你可以有足够宽阔的视野饱览远近风光。大都有石头烟囱，造型分为整块构件拼砌、不规则石头垒砌、卵石垒砌三大类，给人炊烟袅袅的联想和一种居家的亲切感。

第七节 非物质文化

九江区域农业经济的繁盛促进农耕文化的传承与发展，其中非物质文化遗产表现尤为突出。在九江的本土文化中，被列入国家级、省级的"非物质文化遗产"是一大亮点。共有国家级项目11个，省级项目48个，市级项目120个。其中表演艺术如湖口青阳腔，明代中后期传入湖口，结合当地特色形成。武宁打鼓歌，大约于清朝乾隆年间由湖北传入武宁，融入了"吴歌"的韵味。修水县的全丰花灯，是一种结合灯、戏、舞的艺术表演形式，盛行于清朝，延续至今。此外，九江采茶戏、永修丫丫戏、星子西河戏、修水宁河戏、武宁采茶戏、瑞昌采茶戏、德安潘公戏等也很有特色。民间工艺美术如瑞昌剪纸、瑞昌竹编、星子金星砚、湖口草龙等；均各具特色，在民俗文化中占有一定的地位。在这些民俗文化中，有不少都体现了九江地区"水"文化及各类文化的内涵。

饮食文化是民俗文化的重要组成部分。"靠山吃山，靠水吃水""一方水土养一方人"指的是在不同自然环境中生活的人，形成各具特色的饮食文化。饮食文化由饮食的原生态文化（包括食材、烹饪技艺、饮食器具、饮食方式）和饮食的再生态文化（即以饮食为基础的思想、哲学、礼仪、心理等）两个方面，饮食文化的传承与发展受自然物产资源条件、农业生产方式、社会礼仪、宗教信仰、地域交流等诸多因素的影响。九江传统饮食结构特征是以素食为主，以肉食为辅，以热食、熟食为主，以冷食、生食为辅，以稻米、粟等作主食，注重烹的火候和调的技巧，以筷子作为饮食工具，采用聚食制和餐食制的方式取食。

九江武宁人的饮食具有较为鲜明的地域特色，在食材、烹饪技艺、餐饮器具及方式上都反映出生态文明思想。"八宝什锦汤"源起于清朝乾隆年间，在民间广为流传，是一道具有浓厚山乡风味、独特制作工艺的菜肴。原材料选择武宁山区的纯天然、无公害的山地货，如红萝卜、白萝卜、竹笋、香菇、粉丝、马蹄、瓜桃、熟拆骨肉、熟花生仁、油（白）豆腐、鸡蛋、虾米等，调料包括盐、味精、清油（或精炼油）、高汤、红薯淀粉、胡椒粉、大蒜、葱花等，制作时先将主料切成细碎粒状以清油爆炒，放入高汤煮开，以红薯淀粉勾芡，打入蛋花，起锅，撒上熟虾米、熟花生仁末、芝麻、胡椒粉、葱花等即可。武宁什锦汤适合大众口味，色彩丰富，荤素搭配，香脆适中，爽滑不糊，咸鲜可口，油而不腻，回味无穷。其余如橡子粉、碱水粑、棍子鱼、山背腊肉等都具有丰富生态内涵的乡村民俗风情。

浔阳鱼席以鱼为主要原料制成的宴席。整个宴席的菜品，糖醋桂鱼、九江雄鱼头、九江鱼块、烧头尾、黄丫头煮豆腐、银鱼炒蛋、清蒸鲫鱼、虫草炖甲鱼……不论是冷碟、热炒、大菜、羹汤以及点心馅料皆以鱼、虾、蟹鳖为主料烹制而成。满桌皆鱼，但"是鱼不见鱼、形似味近、荤素俱备"是浔阳鱼席的真谛。"黄焖鸡腿"是将白鱼打成茸，做成鸡腿形状，不仅追求外形上的相似，更在口感味道上尽量做到相近。精湛高超的烹调技术、恰到好处的火候控制技术、娴熟的刀上功夫是制作鱼席的基础，如一条青鱼既可以制作出鱼片、鱼丝、鱼丁、鱼泥、鱼丸、鱼糕等，还可以通过削刀进行氽炸，使之成为松鼠、金狮、葡萄、菠萝等不同的形态，再加上恰当的火候，不同的调味，烹制出许多风味独特、令人垂涎欲滴的美馔佳肴来。"浔阳四景"（烟水亭、琵琶亭、能仁古塔和浪井）将浔阳古城的名胜古迹浓缩在餐盘里，"鄱阳宴"全席食雕、冷热菜、汤及点心所使用的主料均用鄱阳湖出产的鱼、虾、蟹、鳖及其野蔬、鲜果等烹制，具有丰富的生态文化特色。

九江生态文化具有持续时间长、影响深远、表现形式多样、交织着域外文化影响等特点。在我国当今持续推进生态文明建设的过程中，九江生态文化有着较大的研究价值，运用生态学研究方法对九江区域文化生态系统的组成因子进行全面系统的分析显得非常必要和可行。

1. 构建九江生态文化资源数据库

虽然九江传统生态文化资源存量丰富，但原始资料较分散，各市、县（区）、各相关部门没有建立协调配合的工作平台和强有力的规划引导，缺乏统一管理，资料获取较为困难。因此，构建生态文化资源数据库势在必行，这是对传统文化资源深度挖掘和传承的重要条件，为生态文化资源的整合和利用奠定基础。

2. 对特定生态文化优势因子进行抽提分析

生态文化研究要对生态文化区域内各组成因子进行分析，抽提优势因子（或主要因子），独立分析某一特定因子的生态文化影响。九江生态文化资源特别丰富，表现形式多样，相互作用关系错综复杂。因此，研究区域生态文化应在全面了解分析的基础上，对不同的生态文化形式进行单因子分析，如分析单因子的分化或融合的方式、路线、趋势等，了解生态文化因子变迁的过程和原因，研究生态文化环境对生态文化因子的影响。

3. 对生态文化系统各因子进行综合分析

生态文化研究应对生态文化系统内生命因子和非生命因子进行综合分析，特别是分析人类在创造生态文化的过程中与天然环境及人造环境的相互关系，因为特殊类型的生态决定了作为生态文化载体的人的特征。生态文化研究将各种复杂因素联系在一起，进行整合研究，分析环境等诸因素在生态文化发展中的作用和地位以及这些因素之间的复杂关系。生态文化研究注重对生态文化系统发展过程中的动态平衡的研究，这是一个不断进行的"平衡—打破平衡—建立新的平衡"过程。九江地处"吴头楚尾"，是吴楚文化渗透交融之地，早期受吴越文化和荆楚文化的影响，后来，随着中原政治、经济重心南移，九江文化又受到中原文化的影响。九江生态文化的演变包含着生态文化的进化策略及文化的涵化等问题，对九江区域生态文化的产生、构成、影响因素、发展趋势、发展策略等的研究为我国生态文化研究提供实证。

随着对生态文化的多样性、区域间生态文化的交流、生态文化的传播与异化等研究的进一步深入，九江生态文化研究的地位将越显突出。特别是当代信息社会的区域生态文化碰撞对生态文化发展产生的机遇与挑战、消融与助长，使九江生态文化的研究对我国生态文化交流、传承与保护、资源的开发与利用等工作具有重要的指导意义。

第六章

生态文明建设九江实践的典型案例[①]

案例1　全域生态产业化

武宁县位于江西省西北部，修河中游，地处湘鄂赣三省边陲要冲，幕阜山和九岭山位于县境边缘，两山均近东西走向，构成南北屏障，属典型山地丘陵带。武宁县总人口为407 048人，面积3 507平方公里，辖19个乡镇、1个街道和1个工业开发区。根据全国第二次土地调查成果，武宁有耕地31 260.55公顷，占8.92%；园地1 243.37公顷，占0.35%；林地273 725.04公顷，占78.12%；草地2 966.07公顷，占0.85%；城镇村及工矿用地7 080.18公顷，占2.02%；交通用地2 338.51公顷，占0.67%；水域及水利设施用地28 662.1公顷，占8.18%；其他土地3 095.49公顷，占0.89%。武宁县为亚热带季风气候，四季分明，雨水充沛；江西五大河流之一的修河自西进入武宁境内，贯穿于两山之间，地形由两山夹一谷的倒锥形，分别从南、北部向中部修河逐级层层下降。武宁县是全国生态示范区和首批国家全域旅游示范区创建单位。

---

① 本章案例作者根据相关材料整理。

一、武宁县生态文明实践的主要经验

武宁县以谋求山水城交融共生，天地人和谐相处为出发点，以生态文化筑就灵魂，以生态思维谋求发展，以生态溢出效应带动全社会共同保护行为，取得了良好的社会效益和经济效益。武宁已经成为江西省县域生态文明建设的排头兵。

1. 突出政策引领，系统推进生态保护

武宁在城区、园区、农村等不同层面，从"建设—保护—治理—修复"等方面制定了系列措施，增强生态文明约束力。先后实施了森林资源保护、河湖流域水资源、农业养殖污染、矿山污染等"九项治理"工程；开展了"禁伐二十年，呵护原生态"行动，全面治理和保护生态资源。

2. 引导生态资源经济化，以生态溢出效应带动全社会共同保护意识

武宁从"生态文化—生态理念—生态实践"角度全系统推动，实施"旅游+"战略，推动武宁旅游向"全域、全季、全业"发展，使得生态建设产生蝴蝶效应的非线性作用，让生态文明建设的溢出效应渗透到社会各领域。2016年县域GDP为107.82亿元，三次产业结构为14.2∶49∶36.8。

3. 始终坚持生态立县，以文化传承增强生态文明凝聚力

武宁模式能够形成区域泡菜效应。武宁由于长期形成的"山水武宁"文化，使得"山水城交融共生，天地人和谐相处"的生态文化深入全社会灵魂，形成了区域泡菜效应。历经多次更替的武宁县领导班子一直将生态建设与保护作为重要理念之一，这就是武宁作为生态文明"泡菜坛"的重要例证。

二、武宁县生态产业发展现状

生态产业（Eco-industry）是运用生态学和经济学原理与方法，以环境

承载力和环境协调性为出发点,建立起来的自然生态系统与经济、社会系统整体、和谐、高效运行的绿色网络型产业。生态产业以协调社会进步、经济发展和环境保护为主要目标,最终达到生态效益、经济效益和社会效益的统一。

1. 生态农业发展现状分析

武宁县依托良好的生态资源环境,在发展生态农业产业过程中,大力推动传统农业向现代生态农业转型升级,重点围绕油茶种植、花卉苗木等领域加大生态农业招商引资力度,积极鼓励、引导、扶持能人就地创业、返乡创业,培育新型农业经营主体,发展了一批效益好、有特色的生态农业基地。

武宁县在发展生态农业过程中,探索实行"公司+基地+农户""公司+基地+合作社+农户""合作社+农户"以及"农超对接"等多种利益联结运作模式。在推动农业产业转型升级过程中,武宁县以农业招商构建现代农业建设的"快车道",通过招大引强培育农业"龙头",一个"龙头"带活了一个产业,一个产业致富了一方百姓。近年来,全县共落户3 000万元以上农业项目58个,总投资60.6亿元,其中亿元以上项目有22个。农业产业作为武宁县"六大产业"之一,形成了蓬勃发展、富裕农民、巩固生态的良好局面。

生态农业遍地开花。近年来,武宁引进资金近100亿元,因地制宜地建设美国红叶紫薇、油茶、水果、坚果、药材、蔬菜等农业基地。目前,美国红叶紫薇植面积2 400亩,香榧种植面积5.8万亩,油茶种植面积3.67万亩,花卉苗木种植面积1.2万亩,中药材种植面积7 000亩,既绿化了荒山,又增加了农民收入。此外,开发农家乐、农家游项目增收。近年来已有杨洲乡申家坪、张家湾,罗坪镇七里坑、仓下等养生养老村庄,每逢节假日,八方游客纷至沓来。依托"杨梅节""紫薇花会"等节会,热销武宁特产、农家土产,尽享生态与效益双丰收。农业发展、农村生态、农民致富,奏响了"三农"与生态相辅相成的和谐乐章。

除了劳务工资的收入之外,土地流转金也成为当地农民一笔不菲的收入。一般每亩耕地流转可以得到100~500元的租金收入,有的流转收入甚至高于自己种植传统农作物的收入。仅 2015 年前三季度，武宁县农业产业新签续签农村土地经营权流转 1.3 万亩，引进农业项目 12 个，签约资金达 15.2 亿元。

2. 生态林业发展现状分析

多年来，江西武宁县始终坚持绿色发展，全方位保护生态环境。武宁地处赣西北，作为国家级生态示范区，境内山清水秀，风光秀美，森林覆盖率达 72.1%，林区、湖区负氧离子达 15 万个/立方厘米，大气环境质量达国家 1 级标准；庐山西海水域面积 308 平方公里（46 万亩），其中武宁拥有 34 万亩。山上有 40 多万棵被誉为"植物中的大熊猫"的红豆杉，水里有大量被誉为"水中大熊猫"的濒危物种桃花水母。

（1）全方位保护青山。

武宁县全面实行封山育林，严厉打击盗伐林木、无序砍树等行为，明确了"禁伐二十年，呵护原生态"的刚性举措。除群众必需自用材和林地已经批准为项目建设用地需要砍伐木材外，一律禁伐，不向县外出售商品木材。对靠山吃山、以砍树为主要生活来源的山区群众实行整体搬迁，对一些没有实质种养和投入内容、仅以砍树为目的的山场流转，一律中止合同，收回山场，还给老百姓。对以出售原材料为主的粗放型、分散型、作坊式矿点进行全面整合提升，严格按照时间节点，该关停的关停，该恢复植被的恢复植被。普及林区禁火令，并在全县开展古树名木普查活动，将古树名木列入重点生态保护对象和旅游开发对象。定期对全县花卉苗木基地进行检查，严厉打击偷盗古树名木和原生木材的违法行为。

（2）实行林业产权制度改革。

2011 年，武宁县全面实施了以"重组、定性、保障、减人、剥离、转换、安全稳定"为主要内容的国有林场改革完善工作，武宁县紧紧围绕"三增一保六到位"的改革目标和任务，基本实现了"六个到位、两个确保"。即实现了林场整合重组到位、林场性质界定到位、职工社会保障落实到位，用人制度改革到位、场办社会职能剥离到位、经营管理机制转换到位，确保了国有林场森林资源安全和林区的社会和谐稳定。于 2015 年 11 月顺利通过了国家验收。

武宁在全国率先完成了林业产权制度改革试点工作，促进了林业保护。建立了以退耕还林、长江流域防护林、湿地保护工程、伊山自然保护区、九岭山国家森林公园为重点的森林资源保护体系，封山育林140万亩，生态公益林管护128.57万亩。荣获了江西省十佳绿色生态县、全省林业生态建设先进县、全省第三轮森林资源保护先进县、全省国有林场改革先进县（市、区）等称号。

（3）探索生态公益型和商品经营型示范林场。

2015年9月，武宁县生态林场被江西省林业厅确定为全省首批后续发展示范林场。全省共确定25个，武宁县生态林场是九江市唯一获此殊荣的示范林场。武宁县生态林场下设12个分场和一个九岭山国家森林公园，拥有良好的地理、资源优势，在发展做大林下经济，特别是旅游产业上有得天独厚的条件。该场现经营森林面积16.9万亩，已划定生态公益林14.5万亩，林木蓄积量113万立方米。同时，武宁县在原林业企业改制的基础上，全面实施了以"重组、定性、保障、减人、剥离、转换、安全稳定"为主要内容的国有林场改革，企业变成了事业，职工从采伐工变成了护林员。现在，九岭山国家森林公园每年接待游客20多万人次，职工年均收入由原来2万余元，如今达到4万元以上。根据示范林场的经验和做法，我省将积极探索生态公益型和商品经营型林场的可持续发展模式。

（4）大力发展油茶产业助推精准扶贫。

武宁是传统油茶种植大县，拥有老油茶林9.5万亩。为了紧扣全力推进精准脱贫的有利契机，根据中央和省市精准扶贫精神，武宁大力发展高产油茶作为实施产业脱贫、精准脱贫的重要产业。武宁大力实施油茶产业扶贫模式，明确部门责任分工和帮扶措施，推行油茶造林良种化，确保新造油茶全部为优良高产品种；并免费为贫困户培训新型油茶实用技术，传授实用技能，积极开展科技下乡活动，组织科技人员开展"一对一"技术帮扶，指导贫困农户的栽植和日常管理，提高油茶产业项目建设的科技含量、产出能力和发展水平。在此基础上，做到宣传发动到位，技术服务到位，资金保障到位，机制创新到位，市场服务到位，帮助贫困户实现脱贫。

为确保贫困户油茶产品畅销市场，武宁县拓展交易平台，引进茶油加工企业落户。与此同时，不断提升品牌效应，发挥区域特色，夯实"九宫山茶油"等茶油产品品牌，进一步提升武宁油茶产品市场综合竞争能力，从而实现油茶产业可持续发展，精准扶贫取得实效。目前，全县建档立卡贫困户已落实油茶整地面积30 346亩，完成种植27 697亩，基本实现贫困人口人均一亩目标。

3. 生态渔业发展现状分析

生态渔业是根据鱼类与其他生物间的共生互补原理，利用水陆物质循环系统，通过采取相应的技术和管理措施，实现保持生态平衡，提高养殖效益的一种养殖模式。开展生态渔业可充分利用当地资源，循环利用废弃物，节约能源，提高综合生态效益，实现渔业的可持续发展。生态渔业是建设资源节约型、环境友好型渔业的有效途径，是发展农村循环经济的重要组成部分，也是现代渔业的发展方向。

水是生命之源，保护全县的水资源，就是保护武宁人民的生命线。40年前，武宁做出了巨大的牺牲：为国家发展水电事业，10余万人成了移民，数十万亩的良田山川被淹没，成就了今天的庐山西海。40年后，武宁又承担了巨大责任：为了保护西海一湖清水，从园区、城区、湖区、农村、山上，主动作为，多措并举，呵护好这块"水源地"。庐山西海原名柘林水库，位于修河中游，跨永修、武宁两县，位于东经115°04′~115°40′，北纬29°03′~29°18′，总库容79.2亿立方米，是一座以发电为主兼有防洪、灌溉、航运、养殖等综合效益的大型水利水电工程。庐山西海的渔业定位是发展生态渔业。在湖区，从2008年开始用了3年时间，投入资金近千万元，依法依规对25 000只网箱和345座养殖库湾进行了全面清理，网箱养殖的现象得到了彻底改变。2011年，武宁县的渔业总产量为3.4万吨，总产值4.05亿元。其中捕捞产量为3 300吨，产值594.24万元；养殖产量30 700吨，产值39 943.56万元。

为了保护好西海一湖秀水，武宁县先后派人到浙江千岛湖等地学习保护湖区先进经验，并聘请了国内权威科研机构编制了庐山西海武宁辖区渔业发展规划，将庐山西海作为重要水源地加以保护，坚持渔业发展与城市建设、旅游协调发展，实现全湖大水面统一养殖，推动清水渔业发展。武宁县每年开展增殖放流，放养足够的鱼苗，限额捕捞。同时，保持水体有足量的鲢鳙鱼种，因为鲢鳙鱼以水中浮游生物为饵料，被称为水中"清洁工"，通过实现"放鱼养水，人放天养"保护水质。

依托庐山西海优越的生态资源和丰富的渔业资源优势，围绕发展生态渔业和休闲渔业，以增值放流和保护自繁鱼类为主，结合旅游业发展观光渔业，成为渔业发展的新增长点；调整渔业经济结构，由传统渔业转向环保型、产业型现代渔业，逐步组成"本地繁育—库湾育种—大湖养成—统一捕捞—休闲观光—营销加工——创建品牌"的一体化的产业链。到 2015 年，大湖捕捞有机鱼 4 000 吨左右，产值 8 000 万元。预计 2020 年，在保护水环境不变情况下，通过扩大增值放流、延长休渔期等措施捕捞产量增产 15%。

4. 生态旅游业发展现状分析

2016 年在 4 月 26 日到 27 日召开的全省旅游产业发展大会上，武宁等 12 个县（市、区）作为江西旅游强县受到大会授牌表彰。作为全省旅游改革综合试点县，武宁县将旅游产业作为支柱产业，以生态资源最优美、城市建设最美丽、旅游环境最优越"三个之最"，朝着"中国最美小城""国际旅游休闲养生度假区"的目标奋力腾飞。

在旅游开发建设过程，武宁县突出"农村园林化、园区城市化、城区景观化、城乡一体化"的工作思路，以县城和湖区开发为重点，以"一个核心景区、七个拓展景区"为主体，将优质的绿色生态资源、丰富的自然生态景观，以及独具特色的乡村旅游进行充分的整合，通过山、城、湖、岛立体联动，在吃喝玩乐游购方面，建起了具有武宁特色的产业链条，已然形成别具一格的"山水武宁"旅游品牌和全域旅游的浓厚氛围，被国家旅游局列入了首批创建国家全域旅游示范区。

（1）推进景区和重点项目建设，创新营销模式。

武宁县的旅游发展成绩斐然。武宁县旅游工作紧紧围绕县委、县政府确定的目标任务，高标准修编旅游发展规划，进一步加快推进旅游景区提升和重点项目建设，大力进行宣传营销，不断夯实旅游产业配套，不断优化旅游服务质量，旅游形象和吸引力显著提升。2015年全年接待国内外旅游人数达379万人次，同比增长49.6%，实现旅游收入30.5亿元，同比增长40.5%。

2015年，武宁县先后获得一系列国家级和省级殊荣，在由江西省旅发委组织的"聚焦旅游强省一周年主题宣传"活动中，武宁县获全省旅游发展十佳县称号，西海湾景区荣获最美旅游名片，杨洲乡获最美旅游休闲乡村称号，阳光照耀29度假区被评为全国休闲农业与乡村旅游示范点，西海湾景区获国家水利风景区称号。

武宁县以项目建设推进景区建设，武宁县按照建设"中国最美县城"的标准，围绕建设"国际旅游度假休闲养生区"的目标，依托独特的山水生态资源，以县城和庐山西海开发为主体，加大景区基础设施投入筑巢引凤。武宁县引进了投资50亿元的泰国风情度假村、投资90亿元的庐山西海国际养生度假区、投资50亿元的华夏国际旅游度假区等27个旅游大项目，天津荣程集团、美国JJAIG公司等大项目即将落户，旅游开发呈现出前所未有的良好势头。近年来，先后有43个旅游项目落户产业园区，具备旅游产业集群发展的独特优势。

与此同时，武宁县不断创新方式加强宣传营销，通过媒体宣传、合作宣传、品牌推广，不断开拓新市场、拓宽营销渠道、深化营销活动，大大提高了"山水武宁"品牌的对外知名度。另外，通过开展精彩纷呈的"花朝节""杨梅节"等景区特色活动，举办环鄱阳湖国际自行车大赛、中国滑水巡回大奖赛等国际性、全国性大型赛事，吸引了媒体和公众对武宁的广泛关注。

（2）生态观光农业"嫁接"乡村旅游。

近年来，武宁县积极探索生态农业与生态旅游相结合的发展道路，依托丰富的农业、自然及人文资源，大力推进生态农业旅游开发，形成了"以农促游、以游带农"的良好发展局面。

武宁县充分利用优美山水生态资源，大力发展以"农家乐"为主要模式的乡村旅游，不断加大对乡村旅游发展的资金投入和政策支持，同时把乡村旅游纳入《武宁县旅游发展总体规划》，并按照"政府引导、社会参与、多元投入、市场运作"机制，结合现代农业建设、农村村庄整治和旅游景区开发，充分发挥地方历史、人文和自然资源的优势，大力积极调动乡镇、农民和投资商的开发热情，把乡村休闲旅游产业作为解决"三农"问题，大力推进集农业观光、农趣娱乐、农家饮食及民俗风情为一体的乡村旅游开发，使得一批以"吃农家饭、住农家屋、观农家景、享农家乐"为主要内容的乡村休闲旅游点在武宁县得到了蓬勃发展，并已初现规模，成为武宁县旅游经济的一大亮点。

经过几年的努力，以"吃农家饭、住农家屋、观农家景、享农家乐"为主要内容的乡村休闲旅游得到了蓬勃发展，并已初具规模，成为武宁县旅游产业经济的一大亮点。全县已先后建成了杨洲徐家段、罗坪长水、清江罗洞、甫田平尧、宋溪新光等多个乡村旅游示范点，成功打造了申家坪、张家湾、紫槽坑、胡家桥、七里溪等生态养生村庄12个，荣获了"全国休闲农业与乡村旅游示范县"。新光农庄被列入"长三角休闲农业与乡村旅游景点"，白鹤坪茶园被评为"中国美丽田园"，杨洲乡南屏村被评为2015中国最美休闲乡村、江西省休闲农业示范点。杨洲乡还成功创建了武陵岩桃源国家级水利风景区和国家"AAA"级景区，成功入选江西省"十佳"休闲旅游乡镇。

（3）依托生态优势建设"国际旅游度假休闲养生区"。

武宁县交通区位优势较好，处于武汉、南昌、长沙三个省会城市组成的金三角中心区域地带，为旅游重点产业集群发展奠定了良好的基础。同时，武宁县山水资源天生丽质，生态环境得天独厚，具备打造世界级旅游度假养生天堂的重要资源基础，健康养生游蓄势待发。

武宁县地处赣西北边远山区，气候温和，雨量充沛，崇山峻岭，土地肥沃，中药材资源丰富，曾被定为全省十个重点中药材生产县之一。据有关统计表明，野生中药材种类达570余种。其中人工种植和养殖的达100余种，全县20个乡镇均有种植。目前位于沙田新区长水大道南侧的投资2.5亿元的新中医院将突出中医保健、康体养生等主题，和医疗养生健康游相结合。新中医院将与盛元·庐山西海国际养生度假区合作，致力打造集中医诊疗、康复和养生为一体的庐山西海中国中医城,走医养结合的特色发展道路,助推武宁县建设国家级生态文明先行示范区和国际旅游休闲养生度假区。

　　武宁县境内有着丰富的温泉资源,据初步探测,从上汤、船滩至宋溪、罗溪形成有一个温泉带,其中上汤温泉日出水量为1 600吨,富含硫黄、镁、硒等多种矿物质,船滩、宋溪温泉正在探测中,与上汤温泉系同一矿脉,品质优良,罗溪温泉初步探明日出水量达2 000吨以上,水温最高达76度,含有碳酸氢钠、硫化氢等多种矿物质。依据这些丰富的温泉和生态优势,可以形成一个集养生、健体、疗养为一体的温泉理疗产业链。

　　森林游发展空间大。武宁境内森林覆盖率达72.1%,有九岭山国家森林公园和省级伊山生态自然保护区,集聚了大量优质丰富的林地资源,是一座"天然氧吧"。武宁空气清新甘甜,负氧离子指数高达每立方厘米15万个,是一座"天然氧吧"。充分利用森林资源优势,带动森林旅游业的发展,是发展健康养生游的一条良好途径。罗坪镇七里溪养生山庄位于大山深处,重峦叠嶂,翠竹环抱,森林覆盖率达97%。由于这里优越的生态环境,村民们利用闲置的房间发展起了养生养老游。到目前为止,武宁县共有养生山庄120多家。武陵岩景区也已成功打造成为集生态漂流、旅游观光、森林野营、休闲度假为一体的国家级3A旅游景区,阳光照耀29度假区成功申报为国家级4A旅游景区。

三、武宁生态产业发展的典型样本及其分析

1. 生态农业的典型样本及分析

　　(1) 扬州乡千亩红心猕猴桃采摘园样本介绍及分析。

　　样本介绍:红心猕猴桃采摘园位于武宁县杨洲乡森峰村,由江西省溪海果源现代农业有限公司投资建设,总投资1亿元,种植面积2 000余亩。首期已完成种植面积1 000亩,二期计划到2015年完成种植面积1 000亩。该项目依托我乡优质的气候、土壤等自然条件,将现代农业与休闲旅游做到有机结合,是集旅游观光、采摘休闲于一体的旅游体验基地。红心猕猴桃有

"神奇美味果"之称,其营养丰富,被称为"果中之王""维C之王"。采摘园的产品除部分供应游客需求,主要供应北京、上海、广州等国内大城市和东南亚及欧美等国外高端市场,它正以一种全新的特色农业种植模式走向世界。

样本分析:扬州乡千亩红心猕猴桃采摘园样本分析:该模式立足当地的气候和土壤资源,按照因地制宜的原则,按照社会的需要,选择红心猕猴桃作为支柱产业加以发展。该模式以生态农业为主体,兼顾旅游,产生了不错的收益。

(2)宋溪镇新光山庄样本及其分析。

样本介绍:新光山庄地处庐山西海湖畔,坐落于武宁县宋溪镇,距县城七公里,距九江130公里,距南昌120公里。1997年9月,公司在武宁县境内租赁了七十年使用权的山水3万余亩,投资亿元进行开发。十几年来,公司紧紧依托山水资源优势,以技改扩能为主导,大力发展林果、水产和休闲农业、生态旅游业等绿色产业,并带动农户科技致富,取得了显著的成效。公司现已建成集山地种植、水面养殖、产品加工、旅游观光为一休的生态农业综合开发的大型企业。1998年,公司纳入国家星火计划及光彩事业重点项目;2000年4月,获"全国水土保持生态环境建设治理开发'四荒'示范户"荣誉证书;2007年12月,获"国家级农业旅游示范点"称号;2008年4月,获"江西省园林绿化单位""江西省乡村旅游示范点"等称号;2010年8月,荣获了国家颁发的"光彩事业国土绿化贡献奖"荣誉。2011年10月,获"全国五星级休闲农业与乡村旅游示范园区"和"全国休闲农业与乡村旅游示范点"等称号。2012年7月,经江西省科技厅论证为《鄱阳湖生态农业示范基地暨省级科技特派员农村创业基地》。2012年10月,荣获江西省农业产业化省级龙头企业称号。2013年4月,荣获农业产业化国家级重点龙头企业称号,同年被评为全国十佳生态农庄。新光山庄景区位于武宁县城湖滨北岸,占地600亩。是集水产、果木药材种植、住宿娱乐、生态旅游为一体的大型生态农庄,也是该县第一个摘得国家级荣誉称号的旅游景区。

样本分析:该项目是典型的以农业种植、农业体验、农业休闲、农产加工、农业节庆为主要卖点，农业是基础，休闲是重点是方向是盈利点。

2. 生态旅游的典型样本及分析

（1）武宁罗坪长水村样本及分析。

样本介绍：武宁长水村是中国林改第一村。2007年4月20日，国务院前总理温家宝到长水村考察林改，确定了林改的基调，为全国林改指明了方向，长水村因此成为中国林改第一村。长水村旅游资源丰富，森林覆盖率95%，特别是拥有大量珍贵的红豆杉，据不完全统计，该村共有红豆杉5万余株，其中千年以上的就有几十株，而红豆杉被称为是植物中的活化石，也被称为吉祥树。长水村负氧离子每立方厘米15万个，是一个天然的氧吧。长水村中有长水溪穿流而过，水深潺潺。长水村是武陵岩的中段，山高水长，环境清幽，非常适合养生、度假。

长水景区位居九岭山脉中段武宁岩向北延伸的一支分脉之中，被群山环抱，峰峦秀耸，古木参天，是一个典型的林区。长水地域面积84平方公里，其中耕地面积1 380亩，山林面积12.4万亩，森林覆盖率达93.7%。全村辖7个村民小组，426户，共2 005人。2014年人均纯收入达8 700元，先后被评为"全国绿色小康示范村""全国生态示范村""国家生态文化村""国家级生态村"和"江西省文明村镇"。

长水山多田少，人均耕地仅有七分，拥有山场面积将近70亩。2004年9月，长水开始了林权制度改革。长水的林改是林业发展史上的一次重大变革，如同当年的家庭联产承包，林权制度改革，在长水释放出巨大的能量，给该村带来了巨大的变化。2007年4月20日温总理视察长水林权制度改革，高度评价了林改后"山定权、树定根、人定心"。如今林农更是把"林地当田耕，竹木当菜种"，育林、护林、造林积极性进一步提高，发展生产劲头大大增强。林改后林农人均增收两千多元。

长水旅游资源异常丰富，极具开发潜力。境内奇峰林立，怪石纵横，林涛云海，飞瀑流泉，风光无限，美不胜收。辖内有仙女池、石林、将军岩等多处景区，有一千多亩的原始森林，有上万亩的风景林，有清新雅致的远古村落，有三国吴王孙权后裔居住地孙家屋场。最南端与靖安交界的武陵岩主峰，海拔1 547.2米，站在高处可以体验"一览众山小"的雄伟气势，吸引了众多游客前往攀登。总理视察后，长水的名声日益凸显。长水抓住生态优势策应县、镇两级发展农家乐旅游的号召，按照"政府引导、群众主体"的原则，量力而行，启动了以"游长水景、吃农家饭、享农家乐"等体验活动为主题的"农家乐"旅游。

长水红豆杉培育基地拥有红豆杉2年苗20万株、3年苗15万株、红豆盆景3 000余盆，培育红豆种子200多斤、7年苗红豆树5 000棵，基地面积60多亩，年产值50万元左右。基地发展目标是要逐步形成红豆杉的种植园、提炼园、康复园、旅游观光园四大园区，总面积达到万亩以上。

旅游业发展主要以观光、休闲、度假为主，目前已初步形成以餐饮、休闲、娱乐、农特产品销售于一体的休闲农业旅游发展框架。但总体上比较散，没有核心产品和龙头产品，核心吸引力不强，客源市场不稳定，旅游消费水平低。

样本分析：一是确立科学的指导思想。作为生态长水的保障，长水生态旅游的发展以科学发展观为指导，按照省委、省政府提出的"科学发展、进位赶超、绿色崛起"总体要求，紧密围绕省委省政府提出的建设旅游强省的战略目标和省委、省政府提出的"红色摇篮·绿色家园·观光度假休闲旅游胜地"的发展定位，积极策应鄱阳湖生态经济区建设和九江旅游强市战略，按照"国际山水养生度假目的地"的要求，立足长水优质的山水生态资源、丰富的红豆杉植物资源、优越的养生度假环境，结合社会主义新农村建设，以整体环境营造为基础，以重点项目为抓手，发展多元化体验式山水生态养生综合体，使长水景区成为集有生态养生度假、山水户外怡情、生态科普教育、有机农业休闲为一体的养生度假天堂，努力呈现生态之美（庄屋里）、动感之美（杨港洲）、人文之美（孙家埠）、建筑之美（七里溪）和秘境之美（杨坑）。本着打造江西一流、中国著名的融健身养生、休闲度假、宜居休闲等为一体的近城型、复合式、养生型的5A级旅游度假区的发展目标，有计划有步骤地进行开发。

二是树立全新的开发理念，主打生态养生牌。长水村生态旅游开发依托长水的寿文化（长寿树、长寿泉、长寿潭、长寿溪、长寿人、长寿果、长寿谷等）、乡文化（乡情、乡思、乡味、乡愁、乡韵、乡趣），充分打好养生牌，研发红豆杉养生、农耕养生、森林养生、山泉养生、运动养生、文化养生、宗教养生、康疗养生、中医养生等旅游产品业态，运用五行养生理论，塑造养气、养眼、养颜、养身、养心、养神、养性、养生的养生七境界，最终打造成为一个以红豆杉养生为代表的综合性山水养生综合体，建设成为中国养生第一谷。

三是立足优势资源，构建红豆杉养生空间。在长水村旅游规划中，专门设置红豆杉养生区，依托中国林改第一村、千年红豆杉聚集富集地、红豆杉种植基地、山水、田园、红豆杉森林，通过培育和种植红豆杉，远期扩大红豆杉森林规模，让整个景区处处都有红豆杉，营造红豆杉的氛围，打造以红豆杉为主题的休闲、度假、养生、教学、科普、探秘基地，争创国家级红豆杉森林公园和5A级景区，体现红豆杉养生、养颜的核心主题。设计红豆杉为主题的餐饮、住宿、休闲、养生、产品等相关项目。旅游空间以河流和亲水溯溪游步道、红豆杉森林氧吧步行栈道为轴，将景和点串起来，形成红豆杉主题游线格局。

四是做足红豆杉养生项目，形成生态产业链。长水村重点做颐养、医养和食养项目。颐养：红豆杉养生谷、红豆杉吉祥文化主题公园、红豆杉接待中心、红豆杉森林氧吧。医养：红豆杉抗癌基地、红豆杉美容美体院和红豆杉产品博览园。食养：红豆杉养生主题餐厅。

--------------->

☆**子项目之一：红豆杉养生谷**

项目选址：李家坪

策划思路：项目位于庄屋里对面的李家坪，正在规划筹建，占地约180亩，与葡萄庄园联合打造为以红豆杉为主题的休闲、养生、度假中心。

--------------->

☆**子项目之二：红豆杉吉祥文化主题公园**

项目选址：月坑口、杨港洲

策划思路：以月坑口红豆杉种植基地为核心，结合红豆杉生态主题餐厅，从育种、种植、科普、药用、服务等方面，挖掘红豆杉文化，提炼红豆杉的养生、养颜、药用内涵，突出生态休闲、旅游度假、科普教育功能，延伸红豆杉产业链、价值链。

利用长水源河流谷地和红豆杉林地，设置烧烤台、森林吧台、摇床、麻将台、森林木屋群等，设计少儿森林和水上拓展项目。

利用长水小学学生放假校舍和长水源河流谷地的现有设施，组织暑期夏令营，让孩子走进自然、学习生活技巧、接触传统文化，还为家长提供开展亲子游的目的地。找菜、采蜜、喂猪、种菜等。学习搭帐篷、普及红豆杉和植被科学知识、生存技能，学习自行车骑行和交通安全知识，采摘野生菌、学习扎风筝等。市场定位为暑期放假的少儿群体和休闲度假养生的亲子家庭。

打造集休闲、度假、养生、美食、科普为一体的综合性红豆杉文化主题园。

--------------->

☆子项目之三：红豆杉游客接待中心

项目选址：月坑口

策划思路：以红豆杉为核心，极力打造长水景区近期红豆杉游客接待中心，营造红豆杉主题文化和氛围，配套停车场和公厕，为红豆杉养生区和孙家埠农耕文化休闲区服务，是长水景区近期游客接待中心，是红豆杉养生区和孙家埠农耕文化休闲区服务接待中心。

通过景观改造，河流拦水成坝、种植红豆杉，长水小学前鱼塘改造为荷花池、亲水溯溪和小鬼游学、拓展运动、动漫公园、红豆杉相关项目建设，打造成长水景区的核心区域，集观光、休闲、度假、养生、科普、娱乐等为一体的综合性服务中心。

--------------->

☆子项目之四：红豆杉休闲森林氧吧

项目选址：庄屋里—月坑口—孙家埠—仓下—杨坑，半山位置

策划思路：红豆杉在长水景区分布广泛，生境性耐阴，密林下亦能生长，多年生，不成林，成群少，主要分布在阴坡中间地段。

规划设计红豆杉休闲森林氧吧，以森林游步道为游线，连接庄屋里—月坑口—孙家埠—仓下—杨坑，约20公里红豆杉森林氧吧游步道，将长水景区的重要节点串联起来，让慕名而来的游客漫步红豆杉森林公园，亲近红豆杉原始森林，探访、寻秘红豆杉，感受生态、感受自然、感受红豆杉文化。

‑ ‑ ‑ ‑ ‑ ‑ ‑ ‑ ‑ ‑ ‑ ‑ ‑ ‑ ‑ >

☆**子项目之五：医养项目**

项目选址：月坑口支路卢家村民组红豆杉区

策划主题：医养项目

策划思路：以红豆杉为主题，设计抗癌、美容、按摩项目。

策划内容：规划建设抗癌基地和美容美体院。红豆杉生长缓慢，是世界公认濒临灭绝的天然珍稀抗癌植物。红豆杉树皮中分离出来的紫杉醇，具有抗肿瘤活性成分，是治疗转移性卵巢癌和乳腺癌的最好药物之一，同时对肺癌、食道癌也有显著疗效，对肾炎及细小病毒炎症有明显抑制。根、茎、叶都可以入药，可以治疗尿不畅、消除肿痛，对于糖尿病、女性月经不调都有治疗作用。

抗癌基地将为肿瘤、癌症患者提供福音，同时也可以起到预防癌症、养生、养颜的作用，为消费者提供各种抗癌防癌产品。

红豆杉的根、茎、叶都可以入药，具有重要的药用价值，特别对于女性来说，具有养颜和抗衰老的神奇功效。通过系列红豆杉养生美容产品和优美的红豆杉景观环境，打造以红豆杉为主题的美容美体院，为养生养颜需求的顾客提供绝佳的理想之处。

‑ ‑ ‑ ‑ ‑ ‑ ‑ ‑ ‑ ‑ ‑ ‑ ‑ ‑ ‑ >

☆**子项目之六：食养项目**

项目选址：红豆杉区

策划主题：食养项目

策划思路：以红豆杉为主题，设计餐饮、美食、红豆杉保健品项目。

策划内容：红豆杉生态主题餐厅，提供武宁地方特色餐饮，处处彰显红豆杉主题文化，打造红豆杉主题餐厅，可以选址月坑口长水源河边的红豆杉生态主题餐厅、杨港洲的杨港洲山庄和庄屋里的红豆杉饭店，处处彰显红豆杉主题文化，打造红豆杉主题餐厅。

红豆杉产品博览园，可以选址月坑口的红豆杉种植基地。挖掘红豆杉系列产品，丰富红豆杉养生养颜产品，如红豆杉盆景系列、红豆杉保健品系列、红豆杉加工工艺产品等，吸引游客参观、体验、购买。

红豆杉盆景系列，红豆杉种苗系列、红豆杉盆栽盆景。

红豆杉保健品系列：紫杉醇、红豆杉木粉、红豆杉生态富硒茶叶、红豆杉红果养生酒、红豆杉精华液、红豆杉精油、红豆杉阴阳调和带、红豆杉洗浴养元汤、红豆杉泡腾片、红豆杉养生香。

红豆杉加工工艺产品：红豆杉保健杯、红豆杉养生钢笔、红豆杉养生烟嘴、红豆杉佛珠，手链、红豆杉保健枕、红豆杉保健筷、红豆杉生态餐具、红豆杉清凉枕、红豆杉养生鞋垫、红豆杉床垫等。

（2）武宁扬州乡神雾山样本及其分析。

样本介绍：神雾山风景区，位于武宁县九岭山国家森林公园的杨洲乡境内，景区年平均温度为16~17℃，长年雾气缥缈，神秘绝伦，素有"小庐山"之称。

神雾山风景区，山体高峻、奇雄秀丽、林木繁茂、泉瀑纵横，自然景色多姿，集雄、伟、峻、秀、奇、异、险于一山。有饱经沧桑的申字岩（即宝塔石）、惟妙惟肖的筷子树、忠贞不贰的"守护神"、威严雄伟的将军石、神奇莫测的溅水洞、生动形象的螺王石和一线天、棺材石、佛祖岩、乌龟石、夫妻岩等景观。景区内新建的吴王寨、施瓜草庐、吴王殿等建筑均保持传统风格、山野气度。再加上与吴王孙权的历史渊源和神奇传说，更为神雾山增添神秘色彩，吸引着八方来宾。

神雾山原名为大悟山。据志书记载，元末天定二年（1363年）陈友谅、朱元璋鄱阳湖大战，陈友谅在九江口被朱军射死，陈军降于朱。陈军屯兵所在地之一——武陵岩深山峡谷中的九寨十八沟也相继被朱军击溃占领。朱军就将此处一带改建为军事监狱（尚有遗迹可寻），囚禁和操练陈军旧部，后又建有大悟寺，促被俘官兵大彻大悟，早日悔悟归顺大明，故将此地命名"大悟场"，后山被称为"大悟山"。日久传讹，年而久之把"大悟山"叫成"大雾山"。后又因旅游开发，见此山终日云雾缭绕，便更名为"神雾山"。

景区内生长有大片的瓜源红心杉、红豆杉、银杏、松树、株树、栗树、杨梅树、猕猴桃树等树种和杜仲、竹节、人参、黄连等十几种名贵药材，红毛狗、狐狸、大棋盘蛇、崖鹰、大灵猫、穿山甲、山鼠等珍稀动物也栖身其中。据检测，山上空气中的负氧离子达到15万个/立方厘米，是一个真正的

"天然大氧吧"。当你身在其中，就好像呼吸着远古的"气息"，真可谓"深呼吸一次，回味一辈子"。

近年来，风景内新建成了功能齐全的大型野外军事拓展培训基地和集住宿、会议功能为一体的森林宾馆，景区年接待人数在3万人次以上。

样本分析：该样本是典型的以山水旅游为经济发展途径，依托好的山水和优美的风景及厚重的历史文化吸引人留住人，从而形成人气和效益。通过发展避暑、原始森林观光、珍稀动植物观光等实现经济收益。

四、武宁生态产业发展的经验启示

1. 武宁县生态建设取得的成绩

武宁位于江西省西北部，地处湘鄂赣三省边陲要冲，总人口为38万人，国土面积3 507平方公里，属江西省第四大县。境内林海苍莽、群山耸翠，生态优良，曾被香港媒体誉为"天堂中的花园"。2007年4月，温家宝总理在视察武宁期间，欣然题赠了"山水武宁"四个字。武宁山水资源天生丽质，生态环境得天独厚，全县森林覆盖率达72.1%，是全国生态示范区。武宁县还把城市建设融入生态建设当中去，使城市建设与环境保护和谐统一，2004年以来，开展了公共绿地、生产绿地、广场公园建设以及大环境和道路绿化，并按照乔、灌、花、草合理配置的标准，采取拆墙透绿、腾地造绿、见缝插绿、立体绿化的方式，使全县城区绿化覆盖率达45.1%，绿地率达39.4%，人均公共绿地面积达到11.6平方米，绿化面积和品位都达到了国家园林县城的标准。自然风光秀丽的武宁县先后获得全国文明县城、国家园林县城、全国卫生县城、全国平安县和中国最美小城等诸多荣誉称号。

2. 武宁县生态建设的做法经验

武宁在生态建设中，坚持"生态产业化、产业生态化"的发展理念，县委统一领导，党政齐抓共管，一切工作都以是否有利于生态环境保护与建设为最高衡量标准，持续推进生态文明建设。坚持生态建设与各项产业开发并进，将生态建设与主导产业开发紧密结合，实现生态产业一体化。

☆坚持四化

——农村园林化

武宁县境内高山耸立、群峦起伏，是个山区大县，山地占了2/3以上，近年来推行"农村园林化"，将农村纳入景区建设范畴，走现代农业、观光农业、休闲农业发展之路，将农村建成一个大花园、大观园。村庄、道路、荒山绿化全覆盖。农村居民建房只能按规划建，随处可见特色各异的农家别墅，错落有致地点缀在青山绿水间。

按照"农村园林化"的思路，以镇村联动为抓手，以建设和谐秀美乡村为目标，建立了县领导包乡挂点、部门包村挂点帮扶帮建、镇村联动工作制度，形成了县、乡、村和建设点理事会四级联动，合力共建的良好氛围。武宁县共建成638个新农村建设点，31 121户，140 763人受益，乡村环境面貌焕然一新。在全县19个乡镇中，国家级生态乡镇就有13个，已成为武宁一张亮丽的生态名片。

——园区城市化

武宁以城市化的思维引领、培育工业园区发展，着力推动园区融入城市化进程，努力将园区建设成为既宜业又宜居的新城区。以"园区城市化"为抓手，加快园区配套设施建设，构建良好的公共服务体系，有力地提升了园区承载力和核心竞争力。

目前，武宁县工业园区引进入园企业190家，形成节能电器、矿产加工、纺织服装、医药胶囊、玻璃饰品等一批支柱产业，投入近3亿元资金，加强公共服务平台的建设和配套功能的完善，突出城市功能，把城市交通、供水、供电、医院、学校、住房等服务和保障功能全面向园区延伸，如今县工业园区是一种全新的园区图景，银行、超市、商场、住宅小区等城市元素一一具备，城市消费和服务功能应有尽有，不断提升了园区社会化服务水平，绿色生态的宜居环境让园区万名商业精英和产业工人更加安心立业。

——城区景观化

武宁是新兴的生态城市，整个县城都是4A级景区，整个城市都是生态花园，把建筑当景点建，山、水、城融为一体，游、居、业相得益彰。县城规划面积124平方公里，其中城市水域面积54平方公里，森林植被和景观用地32平方公里，生态特色明显。建成的西海湾湿地公园、西海明珠、西海大桥、西海燕码头、八音楼等一批重点项目，设计新颖、独具特色，成了山水之城的点睛之笔。

走进武宁，随处都能感受到该县建设宜居宜业宜游"山水武宁"的优美旋律。目前，县城绿化覆盖面积达319.96公顷，公共绿地面积75.6公顷，绿化覆盖率45.1%，人均公共绿地面积11.63平方米，形成了"山在城中、城在水中、水在绿中、绿在人中、人在画中"的园林特色景观。武宁还以打造"最佳人居环境"为目标，打造地标性建筑，使"群众有地方去""游客有地方玩"。近年来先后建成豫宁公园、湖滨路景观带、万福广场等文化娱乐休闲场所，将当地的民俗风情、历史人物、民间传说、历史变迁通过石雕、铜雕等形式融入城市建设中，规划700亩高起点建设文化旅游体育运动中心，成为漂亮的山水园林城市。

——城乡一体化

武宁县根据全县城乡一体化发展规划，将土地利用总体规划、城市规划、村镇规划有机衔接，实行拆旧地块复垦工程，积极盘活农村建设用地资源，实行市场运作，探索一条以城带乡、工农互补的用地新路。同时，在摸清农民住房现状、经济基础、搬迁意愿和建设要求等基础上，由政府统一规划、统一建设搬迁安置点。一期移民扶贫搬迁安置社区占地178亩，建筑面积13.2万平方米，总投资达1.5亿元，可安置移民搬迁户1 128户5 000余人。

武宁县鲁溪镇距县城34公里，是武宁县的东北门户，是一个集山区、林区、库区的"三区镇"。围绕镇村联动做好总体发展规划，把集镇规划为镇东建材物流、镇南工业、镇西行政服务、商贸、镇北生态旅游、度假、休闲、娱乐、居住等四大功能区，完成了187个自然村庄的规划和深山区、库区移民搬迁安置区的规划。在规划的引领下，鲁溪镇按照分区规划、产业集中、功能齐全、特色鲜明的原则，先后投入1.5亿元建设集镇街道景观提升、长宁湖、文体公园、环湖路、农民文化活动中心、文化广场、中心小学、医院住院大楼、深山移民安置新区、农贸市场、工业园景观等11项公共功能项目，使镇村联动成为农村得发展、农民得实惠的民心工程。以生态宜居为前提，利民便民为方向，统筹规划联动村镇发展，一个宜居、宜业、宜游的赣北经济文化中心城镇正在崛起。

☆**五好原则**

第一，把保护好生态作为绿色崛起的前提

武宁县生态之美，主要还是原始美，当地空气负氧离子含量高达每立方厘米15万个，是个天然大氧吧。在守护绿色、保护青山的坚持中，武宁又因地制宜探索出一系列独特的护林办法。

——禁伐。"刀口留树"是群众对禁伐的通俗说法。对靠山吃山、以砍树为主要生活来源的山区群众，实行整体搬迁。禁伐之后，县里对2 089名林业工人进行分流安置，其中179名"伐木工"变成"护林员"。在武宁，不仅树木不让砍了，还全面禁止采割松脂，让松树健康生长。

——造林。建设"绿色银行"，武宁每年造林绿化4万亩以上，先后实施了退耕还林工程、防林工程、森林城乡建设工程，特别是实行深山移民搬迁工程以来，加快了退耕还林的步伐，深山区耕地、坡耕地逐步绿化。

——封育。让森林资源富足起来。自2011年以来，武宁县对316国道、省道、旅游区及旅游区道路两旁一公里以内和庐山西海周边一公里范围内实行封山育林，累计封山育林面积达240余万亩。由于多年的封育和严禁乱捕滥猎野生动物，动物们又找回了自己的生存空间，全县境内有穿山甲、豹等国家二级保护动物30种。

第二，把建设好生态作为绿色崛起的基础

2011年，武宁第十三次党代会审时度势，顺势而为，乘势而上，确定了"致力绿色崛起，建设幸福武宁"的发展战略，出台了《关于推进绿色生态县建设的实施意见》《武宁县创建国家级生态县实施方案》《武宁县关于建设生态文明先行示范区的决定》等一系列保护生态的发展举措，唱响了"既要金山银山，更要绿水青山"的发展乐章。

按照整体规划，武宁在全县范围内深入开展"九项整治"，以零容忍的态度依法打击一切破坏生态的行为，先后否决了拟进入的造纸、制革、电镀、冶炼等几十家高污染、高耗能企业。武宁县投入5亿多元，先实施了朝阳湖综合治理工程，后在城区入湖河道沙田河两岸建设湿地公园和八音公园，打造成了县城最漂亮的景区。通过招商引资等形式，建立和扩大工业原料林基地，广泛开展小河流域治理，开展全民义务植树活动，加强管网、路网、美化、绿化等基础设施建设。良好的山水资源和发展的保护文化元素，正在朝绿色发展、科学发展、可持续发展，武宁正从生态大县升级为生态文明建设的江西样板。

第三，把利用好生态作为绿色崛起的目的

武宁持续推进生态文明建设，大力促进产业融合，群众越来越享受到了生态所带来的丰厚红利。近年来，武宁引进资金近100亿元，因地制宜地建设油茶、水果、坚果、药材、蔬菜等农业基地。目前，香榧种植面积5.1万亩，油茶种植面积3.67万亩，花卉苗木种植面积1.2万亩，中药材种植面积7 000亩，既绿化了荒山，又增加了农民收入。依托"杨梅节""紫薇花会"等节会，热销武宁特产、农家土产，尽享生态与效益双丰收。农业发展、农村生态、农民致富，奏响了"三农"与生态相辅相成的和谐乐章。

武宁依托山水文化，以无孔不入的细劲、闯劲上大项目，以项目工程促进生态实现"跨越式"发展，走出一条"经济强、百姓富"与"生态优、环境好"共赢、人人共享生态红利的可持续发展之路。

第四，把治理好生态作为绿色崛起的关键

良好的山水生态既是上天对武宁的格外眷顾，更是武宁人多年来对生态细心呵护和大力建设的结果。405万亩郁郁葱葱的森林枝新叶茂，36万亩碧波荡漾的庐山西海绿岛如莲，3 507平方公里的武宁大地，满眼尽是葱翠，绿意盎然。

2011年以来，先后关停47家有污染的企业；2013年建设废弃灯毛管回收处理厂，防治废渣及汞污染；2014年全面完成节能灯企业"液改固"及汞蒸气回收技术改造。在城区率先建设污水处理厂，全面改造完善污水管网，实施雨污分流，对生活废水进行全面处理，达标排放。农村全面推广使用太阳能、沼气等清洁能源，推进城乡一体化垃圾处理模式，减少农药化肥的使用，控制面源污染。武宁县逐年减少林木采伐指标，全面实行封山育林，严厉打击盗伐林木、无序砍树等行为。在湖区，彻底清理网箱、库湾养殖，实行清水养鱼。

通过各种措施，有效保护了武宁县一级空气、一类水质，使武宁县的天更蓝、地更绿、水更清、空气更清新。

第五，把推进好生态文明建设作为绿色崛起的保障

武宁县委县政府坚持"绿色崛起"的发展思路和"保护也是政绩"的执政理念，先后出台了《关于进一步加强环境保护工作的决定》《关于推进绿色生态县建设的实施意见》《武宁县创建国家级生态县实施方案》《武宁县关于建设生态文明先行示范区的决定》等一系列保护生态的发展举措。多年来，武宁县实施了最严厉的措施，从工业到农业、从城市到农村、从山上到水里，全方位、立体式给以保护；多方联动、多措并举，呵护山水武宁这块生态福地。

3. 武宁生态产业建设的启示

（1）坚持生态建设为大原则。

围绕生态文明建设，开展"四旁"植树和庭院绿化，以公路和乡村道路绿化为重点，加快造林绿化进程。

（2）坚决推进城市绿化美化。

建立结构合理、功能高效、景观优美、特点鲜明的城市绿化体系，全面提升全市整体绿化水平。

（3）培育壮大生态产业。

根据气候、区位、土壤等禀赋条件，重点培育适宜当地气候的新品种、特色品种，形成武宁特色苗木品牌。引进和扶持发展一批产业化龙头企业，提升生态产业化水平。精心培育生态经济，积极开发生态旅游产业，打造新的经济增长极。

（4）创新生态文明建设机制。

处理好经济发展与环境保护的关系，健全生态资源产权和用途管理制度，运用市场机制，吸引社会资金参与生态环境建设，促进人与自然和谐发展。

五、武宁生态产业发展的典型模式与推广

1. 武宁生态产业发展的典型模式

（1）山水旅游模式：扬州乡神雾山。

依托具有小庐山之称的神雾山，以具有垄断性的山水吸引游客，形成综合效益。该模式以保护山水、塑造山水为抓手，以绿水青山换得金山银山。

（2）休闲农业模式：宋溪镇新光山庄。

以生态农业为基础，由此形成立体农业，做到了四季有花四季有果，并以此作为卖点，将果业的种植、采摘、品尝、加工作为自身的发展方向，形成休闲农业模式，避免了过去农业盲目生产脱离市场的局面，形成了前店后厂的模式，将农业的过程加以开发，既增加了农业的附加值，同时又解决了农产品销路的问题，并且带来了旅游的额外收益。

（3）生态旅游模式：罗坪长水。

武宁长水村是典型的生态旅游模式，该村以红豆杉为特色，以红豆杉的保护来促进旅游的开发，以红豆杉为主要旅游吸引物为主要卖点和盈利点。吃住行游购娱都围绕红豆杉进行，构建生态产业链。不卖山水不卖风景，卖环境，是这一模式的主要特征。

2. 武宁生态产业发展模式的推广

（1）顶层设计。

武宁县几届县委县政府领导班子坚持把国家生态文明示范区作为自身发展的目标。这为武宁县各项工作指明了方向。一个地方的发展必须要有大格局大视野，这个大格局大视野确立之后，各届政府才能一届接着一届干。这些年武宁县委县政府主要领导抓生态文明建设，各分管领导和各个政府部门、乡镇形成合力，共同围绕生态文明立县强县的目标而努力。领导的高度重视而不是形式上的重视，这是武宁模式成功的重要经验，一个县域其生态的建设、经济的发展、民生的改善，得必须以主要领导的真抓实干、持之以

恒的推进为根本保障。

(2) 发展理念。

武宁县委县政府真正把创新、协调、绿色、开放和共享五大发展理念作为各项工作的指导纲领，坚持创新发展，将一个原本交通较封闭、地势不开阔、经济基础薄弱、工业发展先天不足的一个县份发展成为一个环境优美、经济殷实、游人向往的乐土。武宁县委县政府善于协调各种资源、要素，使之为山水武宁发展战略服务，在发展中坚持绿色的理念，没有选择走"先污染后治理"的老路，坚持共享发展理念，致力于民生建设，生态产业的发展从长远来看是利政府利百姓，但起步阶段，政府的财政收入、税收收入不一定高，百姓却可以从中受益，比如乡村旅游，因此政府必须要有长远眼观和宽广的胸怀。一个地方交通闭塞不可怕经济薄弱不可怕，政府必须创新发展思路，在社会需求和自身优势之间找到结合点，从而确定自身的主攻方向，而不是盲目跟风或者因循守旧不作为。

(3) 政策制定。

武宁县把生态发展、旅游发展作为政府考核的重要目标，这是真正重视生态，让各级领导干部主动把生态建设、生态保护作为自己的主体工作来抓，真正做到重视生态，将生态保护与建设的成效作为各级领导干部政绩考核的重要指标，这在江西的县域中是少有的。推广意义在于，要想取得生态建设的成效，必须把生态建设纳入常规工作，并将其作为干部升迁的重要标准，这样才能真正推动生态建设。

(4) 产业培育。

一个地方生态产业的发展，光靠几个项目是不行的，必须要有一个完整的产业链，作为政府而言，必须注重培育生态产业。武宁县重点培育了生态旅游、生态农业、生物医药和生态照明几大本地优势产业，使之成为带动生态建设的引擎。生态建设的发展，如果没有产业的培育作为支撑，这样的生态建设必然难以持续下去，对于一个区域来说，要真正促进生态产业的发展，必须从自身的山水、资源、文化、传统等方面去寻找自身的比较优势，从而确定重点，作为产业培育的方向。

（5）形象宣传。

一个区域的形象特别重要，他影响到本地人的信心、外地人对该地的印象和投资者对于该地的投资热情。武宁县委县政府从 2007 年以来，各个部门对外一直坚持用"山水武宁"作为宣传口号，宣传口径十分一致，宣传强度和力度都很大，这为武宁旅游业的发展创造了极为有利的条件，为招商引资带来了极大的便利。原来武宁县落后项目少、外来投资少、招商难，现在落后项目多、大项目多、众多投资商纷纷上门来拜访洽谈投资项目，很大程度上得益于山水武宁的形象。从武宁的发展中可以得出，确定正面形象—政府推广正面形象—百姓强化正面形象，这是一个地方经济发展软发展提升的重要措施。对一个区域而言，经济发展固然重要，但千万不能忽视对外对内的形象宣传，根据本地的地脉、文脉、商脉确定一个优美的对外形象，对于提高该地的知名度、美誉度、开放度以及促进招商引资以致社会发展都十分重要。要树立一个观念，形象宣传不仅仅是宣传部的事情，而是整个地方的事情是所有居民的事情。

六、武宁生态产业提升的路径与对策

1. 武宁县生态产业建设中存在的问题

虽然武宁县生态建设得到了长足发展，但生态环境承载力仍然较为脆弱，生态环境支撑社会经济发展后劲不足，建设生态文明、实现生态良好的任务还十分艰巨。

（1）生态建设认识上存在误区。

生态建设是一个定义较为宽广的产业生产体系，目前绝大多数干部认为生态建设只是简单的植树造林。

（2）生态文化的挖掘和传承尚不够深入。

在历史文化村落的保护利用中，一些古村落自然毁损严重，居民保护意识淡薄，建筑修复难度大；一些村庄不注重农村特点和乡土风貌的体现，反而盲目照搬照抄城镇建设的套路，使之失去了它最本源的乡土之美。部分优秀的传统民间文化、非物质文化亟待保护与利用，一些特色文化内涵需要进一步丰富，整体生态文化质量不高。

（3）人居生态环境面貌还亟待改观。

城乡环境特别是城郊接合部脏、乱、差情况仍较突出，生活污水治理工作推进不平衡，污水设施建设覆盖率低。

（4）生态文明体制机制有待进一步创新。

在生态产业建设过程中，有些规定条文内容不够具体详细。在制度的执行中，由于相关人员生态文明意识不强，落实制度的自觉性不高，制度的约束力大打折扣。多渠道投资、多主体参与生态建设的机制还不健全。缺少大项目支持和龙头企业带动，集约化程度低，经济效益不高，没有形成产业链。

（5）生态产业发展不足。

生态产业水平低，经营管理水平不高、整体规模较小，综合功能还未能有效体现。新型生态产业开发不足，各地十分注重发展乡村旅游，但仍存在遍地开花、良莠不齐、特色不显、内容不丰、规范不力、服务不周、规模不大、品牌不响等诸多问题。生态产业类型比较单一，高效生态农林业、低碳生态工业等发展不足，产业发展模式和经营体制有待创新。

2. 武宁县生态产业建设的措施建议

（1）加大生态人居环境建设力度，建设美的环境。

深化环境卫生整治，针对生活污水直排、畜牧业污染排放、农业面源污染、小企业废水废液排放、垃圾入河等污染根源要对症下药，推广综合循环利用技术。加强污水治理设施建设，提高污水设施建设覆盖率，加强生活垃圾处理设施的建设，因地制宜地选择生活垃圾处置方式。大力开发沼气、太阳能、风能等清洁能源，推广节能节材技术。与当地实际相结合，因地制宜地推进自然村落整合，对人口规模较大、基础条件较好、有一定产业支撑的村庄，要着力创建农村新社区和美丽乡村精品村。要全面整治脏、乱、差，做好房前屋后的整理。在设计和建造新建筑时，应突出水乡气息、武宁味道，合理融入时代元素，尽量就地改造、就地取材，打造绿色低碳、舒适实用、独具特色的"武宁民居"。

（2）深入挖掘武宁乡土特色，提升美的文化。

加强历史文化村落保护利用，充分发掘其内在的美学价值，使具有历史文化底蕴的文化村落能与现代文明有机结合，焕发独特的魅力，并与生态旅游结合，使之成为弘扬生态文化的重要基地。鼓励民间资本投资历史文化村落的建设与运营，有重点地保护一批有特色的历史文化村落。在高度保护原汁原味的传统文化的基础上，紧密结合现代文化，突出实用性、观赏性、文化性、互动性，使文化通过新媒体方式源远流长，形成一批美丽武宁品牌。加强优质文化资源的共享与传播，并推动各类文化活动的常态化、特色化。

（3）积极探索生态产业发展新路子。

构建新型生态产业体系，健全生态农业、生态旅游业发展的政策体系，落实政策、人才、资金、技术支撑，支持节能低碳产业和新能源、可再生能源发展。要实行生态化改造传统产业，发展一批环境和谐、经济效益高、适合于本地集约式发展的生态产业，实现经济生态化。要立足本地生态环境资源优势，着力探索生态增收的经营模式，把循环农业、观光农业、电商农业、时尚农业、乡村旅游业、养生度假业和来料加工业等，培育成为重要支柱产业，促进产业生态化和生态经济化的有机融合，形成各具特色的生态产业体系。

（4）大力推进生态文明体制机制创新，实现美的保障。

构建并完善生态文明决策、评价、管理、考核等一系列规范、高效、实践性强的制度，以制度先行，落实目标及相关要求，考核为评价标准，不断规范行为，完善体制与机制体系建设，使制度成为保障生态文化健康发展的先决条件。要建立严格的耕地保护、环境保护、水资源管理、能源管理、温室气体控制等制度。建立、健全生态恢复与补偿制度，并对破坏生态环境给予严惩，实行差别化的排污收费政策与环境污染限期治理制度。加强具有武宁特点的绿色制度体系建设，建立绿色财政投入机制、高标准的生产标准体系、绿色管理与监督机制。重视生态伦理道德制度建设，使生态道德意识内化为自我规范意识。要全面建立生态环境保洁长效机制，重点建立、健全水环境治理、垃圾收集处理等长效管理机制。在资金投入方面，充分发挥政府性资金引导推动作用，引导社会资金投入，形成共建机制。要健全群众参与机制，出台的政策法规要针对具体的情况进行差别化的考核与倾斜，要接地气，可操作性要强。要建立生态产业建设综合评价考核机制，实现差别化考核。

总体上看，武宁县实现了生态环境的整体好转，但是生态环境脆弱，必须坚持"生态立县"战略不动摇，以生态建设、城市绿化、旅游产业、可持续为重点，着力构建生态城市发展、生态文化建设体系。

3. 武宁县生态产业提升对策

发展生态产业，是武宁经济的大转型及生活方式的大转变。大力推进经济结构战略性调整，围绕武宁生态功能区建设，着眼于市场需求，大力推进生态产业向纵深发展。

（1）做大做强生态旅游业。

要以"山水生态城、最佳旅居地"为发展定位，全方位加大宣传推介力度，加强重点景区景点和基础设施建设。将夏季旅游向以漂流、度假为目标的高端延伸；将冬季旅游向以养生为主题的体验游突破；在设施建设上，抓高档宾馆、休闲设施建设，有效整合旅游资源和要素，打造旅游精品。在可持续发展上，以旅游业为牵头，带动房地产业发展，开发旅游食品及工艺品，密切与国内及省内大旅游集团合作，切实提高旅游业的组织化程度和经营水平。办好武宁山水生态旅游节、"武宁特色产品展销会"、赣北生态论等展会和论坛，逐步将其培育成为国内知名品牌。加强与国内外大中城市的合作与交流，营造旅游会展及地产业和谐发展的环境与机制。

（2）做大做强生态食品加工业。

要坚持以市场为导向，以科技为支撑，以生态种养基地为基础，以食用菌、山野果、山野菜、动物食品、矿泉水为主，集群式打造生态食品产业。鼓励和引导现有的龙头企业开展技术改造和创新，延长产业链，提高产品附加值，扩大市场占有率，争创知名度高、影响力强的名牌产品和品牌企业，进一步增强辐射和带动能力。

(3) 做大做强绿色能源业。

要坚持以企业为主体,以政府为推动,重点在新能源开发利用和新能源材料装备研制等方面寻求突破。以电力开发为牵动,重点推进电场和水电站建设,努力打造一批技术含量高、市场竞争力强、经济效益好的绿色能源领军企业。同时,搞好天然气、地热、生物质燃料等新能源的深度开发,形成综合利用、清洁利用的能源消费结构,将武宁打造成中国"绿色能源之乡"。

(4) 切实强化生态产业的外部支撑体系建设。

加快中心区生态产业园区建设,提高产业项目环保准入门槛,鼓励发展有特色、有效益的生态产业、循环经济进驻园区,打造出新型工业化及生态工业示范基地;加快电网改造;加快交通基础设施建设。

生态产业作为生态经济大体系的一个组成部分,在生产、分配、交换、消费各环节中起着重要作用。武宁在规划和发展经济时,积极探索生态循环经济的新技术、新方法、新模式,进一步促进现代生态产业组织形式的发展和生态型现代产业体系形成。武宁坚持"生态产业化、产业生态化"的发展理念,依托生态优势,按照可持续发展的原则,以发展生态经济为主线,在全力打造绿色光电产业、建设全国最美旅游休闲养生县城和发展生态农业过程中创建了很好的可持续发展模式,走出了一条具有鲜明特色的山区县可持续发展之路。

案例2 工业生态化路径

永修县自然资源十分丰富。绝世的候鸟王国、著名的佛教圣地、雄奇的山岳美景、秀丽的湖岛风光,均令人叹为观止。西北有风光绮丽的庐山西海胜景——柘林湖,湖中千岛星列,水清见底,引人入胜,为游览胜处;西南有奇秀天成的佛教圣地云居山,山巅逾真如禅寺是佛教曹洞宗著名寺庙,为全国对外开放重点寺庙之一;东有吴城鄱阳湖自然保护区,是世界珍禽越冬的最大栖息地和国际A级鄱阳湖自然保护区,保护区冬季天鹅、白鹤等三十余种数万只珍禽聚会，蔚为壮观。另外还有白莲湖旅游开发景区、燕山龙源峡、桃花溪漂流、凤凰山桃花园、燕坊的"美国西部牛仔风情"娱乐度假部落等新近开发的热点景区。在生态、资源、环境承载力空间极为有限的前提下，如何解决生态问题、实现绿色发展，促进环境友好型社会发展，对于江西省其他地区具引领和示范意义。

一、有机硅产业发展现状

永修星火有机硅工业园创建于2000年6月，属江西省"十二五"期间重点建设的十大战略型新兴产业基地之一。星火工业园以星火有机硅厂为龙头、以有机硅单体及其下游产品开发为主导产业，2016年，星火工业园现有企业120家，其中有机硅关联企业94家，已开发有机硅下游产品100余种，产业关联度80%，形成了以星火有机硅厂为主导的上下游企业合作互利的产业链条。园区龙头企业——江西星火有机硅厂现有有机硅单体生产规模为50万吨/年，为亚洲最大、世界第三的有机硅生产企业。卡博特公司已建成年产1.5万吨气相二氧化硅的扩能项目，成为世界最大的气相二氧化硅生产基地。2015年，有机硅产业实现主营业务收入187亿元，同比增长11.3%；实现工业增加值42亿元，同比增长14%；实现税收21亿元，利润30亿元，出口交货值2.97亿美元。基地投资强度亩均210万元以上，工业建筑容积率0.7，规模以上企业宽带接入率100%。以星火有机硅厂为龙头的有机硅产业，被列入全省产业经济"十百千亿"工程和全省"十一五"重点支持发展的六大支柱产业之一。星火工业园区是国家火炬计划有机硅材料产业基地和江西省高新技术特色产业基地，园区2015年被国家工信部评为国家有机硅产业示范基地，成为江西省循环经济工业园区的典范。

二、主要发展经验

星火有机硅产业的主要经验和发展特点可以概括为：

"种"企业突出——有机硅单体规模大。永修是中国有机硅工业的摇篮。待中国化工集团投资80亿元的有机硅扩改一体化项目建成后,永修云山经济开发区将以70万吨年产能成为世界最大的有机硅单体生产基地。

"树"枝繁叶茂——下游产品全。有机硅素称"工业味精",按照硅橡胶、硅油、硅树脂、硅烷偶联剂和氟硅结合五条路径,形成了"产业树",枝繁叶茂,已开发五大系列1 200多个品种的下游产品。围绕星火有机硅厂,引进了新嘉懿、海多化工、唯大有机硅等大批下游企业。上游做大为下游做强奠定基础,下游做强为上游做大提供保障。

"尽"——吃干榨尽。通过招商,引进很多处理高沸物、低沸物、浆渣、废盐酸等副产物的企业。如星火狮达处理高沸物和浆渣,星蓝化工、奥圣碱业、嘉恒化工处理废盐酸。有机硅单体生产过程中产生的副产物和废物全部实现园区内部的再利用。

三、发展提升策略

运用大数据、云计算、物联网和移动互联等技术,通过产业生态海量数据相关性分析、智能决策模型和可视化展示技术,在分析区域产业结构、布局以及产业关联度、产业共生链的基础上,构建区域产业生态布局模型,通过企业之间、板块之间、园区之间的物流、能流和信息流的融合互动,实现从数据采集、数据交换、配对分析、补链分析、空间分析到评估、预警和决策,构建完整的区域产业生态布局智能决策系统平台。

1. 技术框架

在系统总体构成上,包括数据采集(大数据信息库构建)、决策支持与管理(大数据分析处理、决策数据分析)、可视化(决策系统可视化)三个子系统,如图6-1所示。

在分层设计架构上,分为三层:数据层、功能层、操作层,如图6-2所示。

图 6-1 系统构成

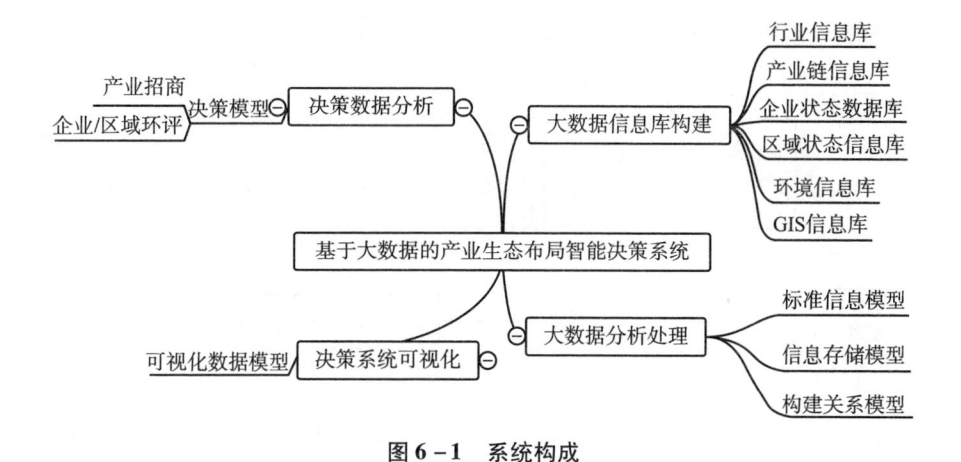

图 6-2 分层架构

2. 业务处理框架

本系统的主要业务：在企业准入、产品链、园区产业生态链三大指标体系的支撑下，对已有产品（及对应的企业和园区）数据进行处理分析，进而为园区的招商布局提供决策支持,如图6-3所示。

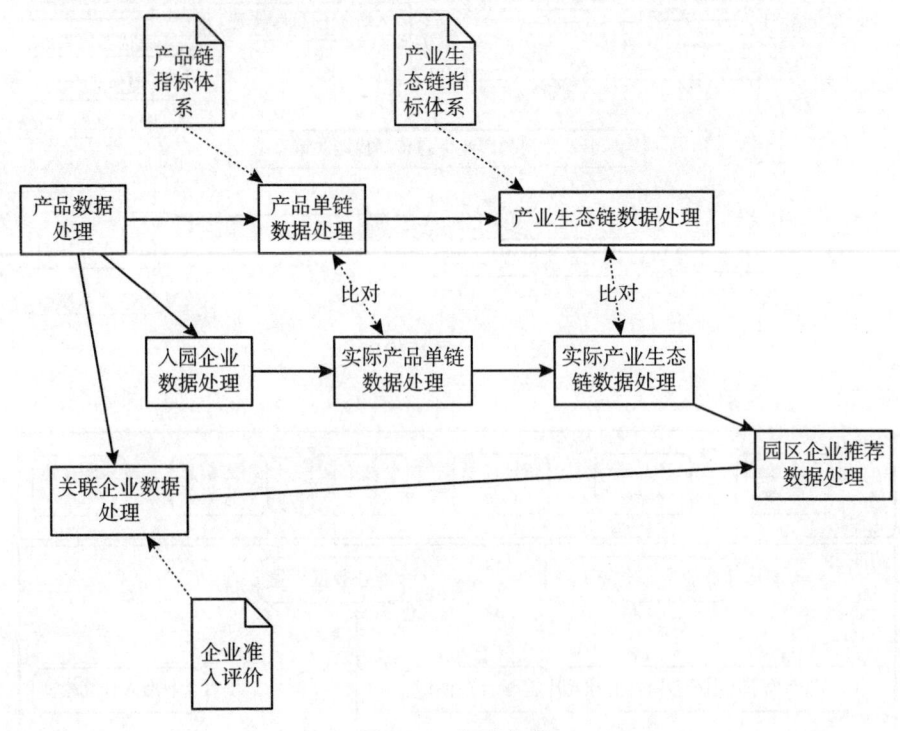

图6-3 招商布局

3. 数据服务接口框架

数据服务接口是对有机硅行业数据库、星火工业园园区数据库、有机硅产品数据库等数据进行接口设计,如图6-4所示。

4. 用户分析框架

本系统包含四类用户,如图6-5所示。

系统用户:管理系统的初始化与基本设置,属于管理用户。

专家:构建产品链、企业准入评价体系、产品链指标体系、园区生态指标体系。

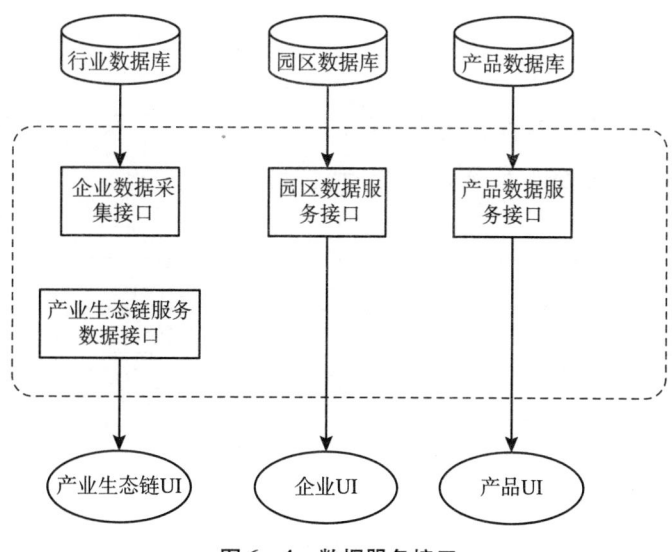

图 6-4　数据服务接口

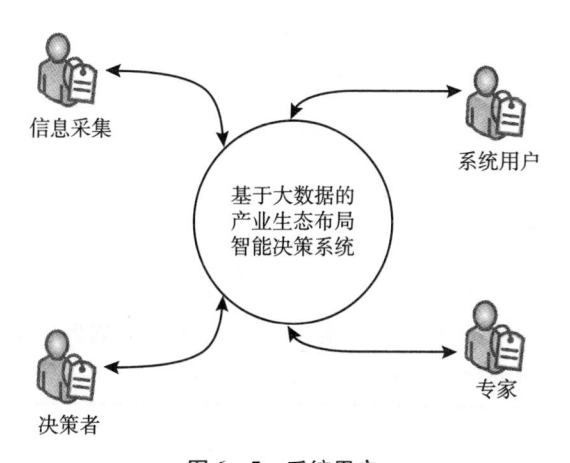

图 6-5　系统用户

信息采集：包括系统自动化采集与人工采集。自动化采集用于构建面向行业的企业信息库；人工采集用于构建产品信息库、园区信息库。

决策者：通过 PC 端、移动端或大屏幕，查看园区信息、产业生态链、企业招商智能推荐。

5. 子系统研发

包括数据采集、决策支持与管理、可视化等三个子系统（对应图6-6中的数据采集子系统、管理子系统、显示子系统）。

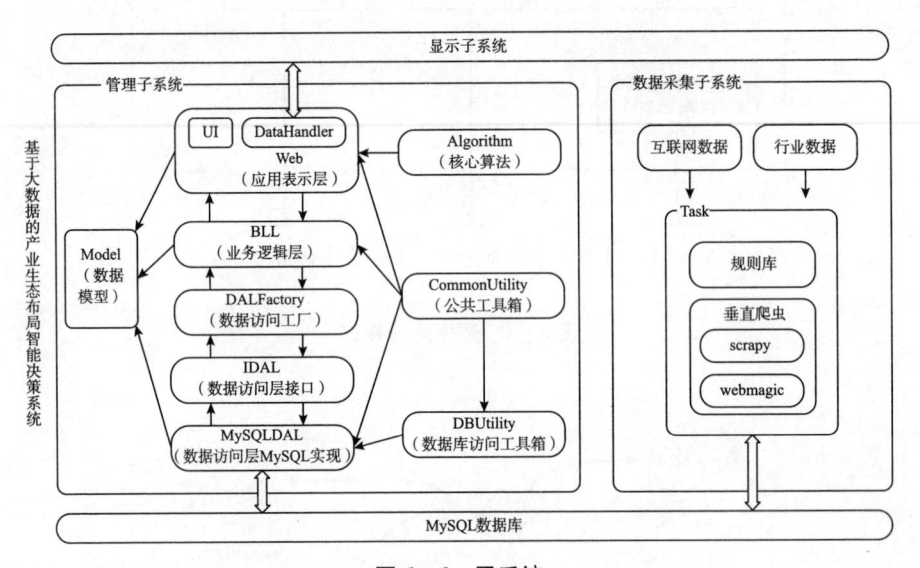

图6-6　子系统

（1）数据采集子系统。

数据采集子系统的作用是收集多源异构的行业数据、企业/园区数据、产品数据等，数据类型与收集方式如表6-1所示。

表6-1　　　　　　　　　　　　数据采集子系统

编号	数据类型	收集方式
	行业内企业数据	该数据来源于文本信息数据和互联网数据，依据系统预设的数据项分析形成行业企业数据库，主要处理方式为对导入的文本信息进行逐行分析提取、对互联网信息通过爬虫获取相关信息并进行页面数据格式化，对获取到的企业数据信息进行筛选和入库

续表

编号	数据类型	收集方式
	产品数据	该数据来源于人工录入和文本信息数据导入（Execl/其他数据库），依据行业产品实际构成情况形成产品数据库，主要处理是通过专家知识形成较为统一某个行业的数据格式
	园区企业数据	该数据来源于人工录入和文本信息数据导入（Execl/其他数据库），包括企业基本信息和企业产品信息，重点是对企业产品（涵盖最终产出物、中间产出物、三废）的描述，主要处理是依据专家知识形成对企业产品的关系描述，提供用于内部数据流传的标准值
	产业生态链指标体系数据	该数据来源于人工录入，由专家建立某个产业的生态链指标数据库
	产品链指标体系数据	该数据来源于人工录入，由专家建立基于当前产业的多条产品链指标数据库
	静态产品链数据	该数据来源于人工录入，依据专家知识构建的理论上完整单链的所需产品以及产品的标准值，主要处理是通过产品链指标体系给出合适的产品链，并通过计算给出适合的产业生态链
	企业准入评价数据	该数据来源于人工录入，由专家建立基于当前产业的企业准入指标数据库。主要处理是为企业数据获取提供筛选参考

（2）决策支持与管理子系统。

决策支持与管理子系统的作用是建立全面的指标体系，用以企业准入评价、产品链生态评价、园区生态评价等决策支持。

对企业是否符合待招商园区的基本要求进行评价，主要包括两个方面：产品类别，即企业产品的类别是否符合区域要求；产品产量，即企业产品的产品在区域内是否已产能过剩。

对待招商园区的产品链的生态化程度进行评价，主要包括两个方面：完备性计算和生态优化计算。

①产品链的完备性计算。

以有机硅产品链的部分主要产品为例，如图6-7所示。

```
                    ┌─→ 一甲基三氯硅烷 ──→ 硅树脂
                    │   （M1，7kt/a）
                    │
                    │   二甲基二氯硅烷 ──→ DNC（47.3kt/a）──→ 高温硫化硅橡胶
   有机硅单体  ─────┤   （M2，85kt/a）                         （20kt/a）
   （100kt/a）      │
                    │
                    ├─→ 三氯氧硅 ────────→ 硅烷偶联剂
                    │
                    │
                    └─→ 四氯化硅 ────────→ 气相法白炭黑
```

图 6-7 有机硅产品链

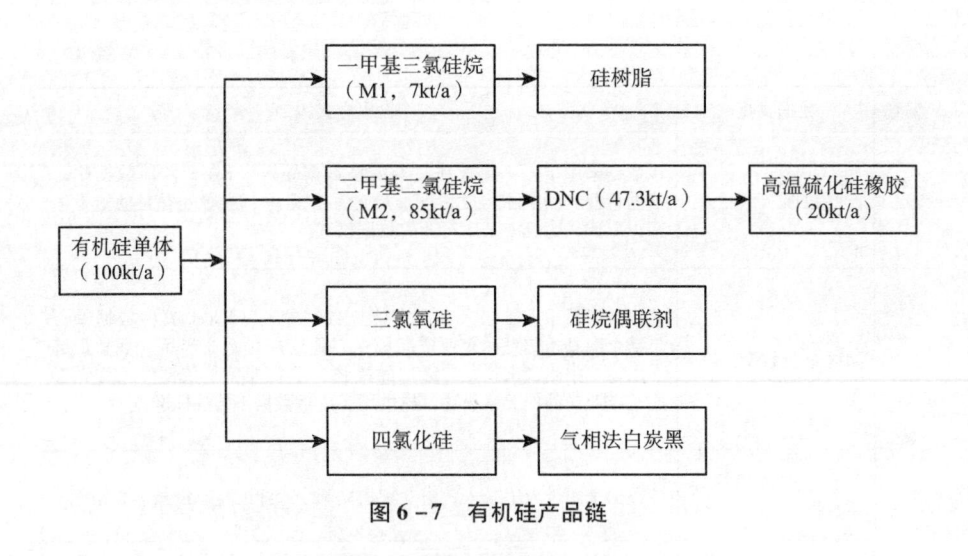

上述产品链的完备性评价包括定性指标与定量指标，如表 6-2 所示。

表 6-2　　　　　　　　　产品的完备性评价

指标类别	指标名称	描述
定性	产品链完整度	当具有完整四梯级产品链时，以数值1予以表征；当缺失一个产品链以上被认为产品链不完整，以数值0予以表征
定量	产能不足	理论最优资源利用效率。解释：以 100kt/a 有机硅单体可生产的最大中间产品及最终产品重量与初始功能单位的比重进行计量，以%表示。如，本例二甲基二氯硅烷的理论最优资源利用效率为 85kt/a ÷ 100kt/a = 85%，DNC 的理论最优资源利用效率为 47.3kt/a ÷ 100kt/a = 47.3%，高温硫化硅橡胶的理论最优资源利用效率为 20kt/a ÷ 100kt/a = 20%。当低于这个理论产量时，被认为有待技术改进，技术更新，设备更新
	产能过剩	设备利用率。解释：区间指标，设备利用率的正常值在 79% ~ 83% 之间，超过 90% 则认为产能不够，有超设备能力发挥现象。若设备开工低于 79%，则说明可能存在产能过剩的现象。说明需要开拓市场，引进配套产业链，消减过剩产能

②产品链的生态优化计算。

当园区内某条产品链存在产能过剩，或者废弃物无法处理，或者投入产出并不在理论最优状态时，需要引进新的企业，目的在于优化原有产品链，从而形成新的产业链。以有机硅单体、二甲基二氯硅烷、DNC、高温硫化硅橡胶产品链为例。可以将有机硅单体看作第一营养级，二甲基二氯硅烷而第二营养级，DNC 为第三营养级，高温硫化硅橡胶产品为第四营养级。在对产品链进行完备性计算后，判定现有产品链处于某个营养级产品产能过剩、非理论最优或废弃物无充分利用时，待引进企业主营产品或业务应符合判定产品链自身所具有的至少一种或者几种产品架构。具体的生态优化计算指标如表 6-3 所示。

表 6-3　　　　　　　　　　优化计算指标

产品名称	营养级	完备性判定	引进企业判定	信息语言
有机硅单体	1	过剩	引进企业主营业务产品链应以 1 为原材料	如果是，用数值 1 表示该企业可以引进，否则用数值 0 表示该企业不能引进
二甲基二氯硅烷	2	产能不足	引进企业主营业务应以 2 为主导产品	如果是，用数值 1 表示该企业可以引进，否则用数值 0 表示该企业不能引进
DNC	3	废弃物无法利用	引进企业主营业务应以 3 为主要处理处置对象	如果是，用数值 1 表示该企业可以引进，否则用数值 0 表示该企业不能引进
高温硫化硅橡胶	4	有/无	引进企业主营业务应以 4 为主要处理处置对象	如果是，用数值 1 表示该企业可以引进，否则用数值 0 表示该企业不能引进

（3）园区评价。

对待招商园区的整体生态化程度进行评价，主要包括两个方面：生态承载力计算和产业生态优化计算。

①园区的生态承载力计算。

在企业准入评价、产品链评价的基础上，对于需要引进的企业，其最终能否入驻园区还受到园区自身生态承载的约束。园区作为产业运营实体，在资源利用、环境污染、经济产值上都有一定的要求（根据园区所属级别，例如国家级、省级、行业、综合类园区而定，具有不同的约束指标），如果引进企业达不到园区引进标准，则不能引进；如若园区自身资源、环境容量不足，不能满足引进企业所需，则同样不能引进该企业，需要向上级主管部门申请扩容，才有可能引进相关企业。

按照园区相关管理部门要求，计算在资源利用、环境污染排放、经济产值领域所要求达到的基本要求以及剩余容量。当引进企业符合园区要求同时企业所需容量小于园区对应剩余容量时，则表征园区可以引进该企业，用数值 1 表示，否则视为不能印记，用数值 0 表示。具体的生态承载力计算指标如表 6-4 所示。

表 6-4　　　　　　　　　生态承载力计算指标

生态承载指标	具体指标	单位	该指标园区状态	引进企业状态	信息语言	最终判断
资源利用	土地利用效率	平方公里/万元	最低标准	不能低于最低标准	大于园区最低标准，记为数值 1 表示可以引入；否则为 0，不能引入	各项指标都为 1，表示该企业最终能够入驻园区；只要有一项为 0，则表示该企业不能入驻园区
	单位产值能耗	吨标煤/万元	最低标准	不能低于最低标准	大于园区最低标准，记为数值 1 表示可以引入；否则为 0，不能引入	
	单位产值水耗	吨/万元	最低标准	不能低于最低标准	大于园区最低标准，记为数值 1 表示可以引入；否则为 0，不能引入	
污染排放	SO_2 排放量	吨	核定剩余容量	不能超过剩余容量	超过园区剩容量，记为数值 1 表示可以引入；否则为 0，不能引入	
	粉尘排放量	吨	核定剩余容量	不能超过剩余容量	超过园区剩容量，记为数值 1 表示可以引入；否则为 0，不能引入	
	烟尘排放量	吨	核定剩余容量	不能超过剩余容量	超过园区剩容量，记为数值 1 表示可以引入；否则为 0，不能引入	
	COD 排放量	吨	核定剩余容量	不能超过剩余容量	超过园区剩容量，记为数值 1 表示可以引入；否则为 0，不能引入	
	氨氮排放量	吨	核定剩余容量	不能超过剩余容量	超过园区剩容量，记为数值 1 表示可以引入；否则为 0，不能引入	

②园区的产业生态优化计算。

如果企业最终入驻园区，将引起园区整体生态化水平的变化，因此需要建构一整套园区生态化水平测度指标体系，用于衡量园区不同时间节点的生态化水平，以及在引入企业后，园区整体生态化水平的细微变化，从而识别园区生态化状态。基于产业生态化的视角，通过对园区资源、环境、经济等投入产出的测度，结合园区内部及外部生态化水平的定性评估，所建立的一整套园区产业生态化指标体系，用于综合判断园区所处状态。具体的产业生态优化计算指标如表6-5所示。

表6-5　　　　　　　　　产业生态优化计算指标

目标层（A）	准则层（B）	序号	要素层（D）	单位	类型	权重
有机硅园区生态化水平	（B1）生态环境指数	C1	环境空气质量优级率	%	定量，正向指标	0.042
		C2	单位工业增加值 SO_2 排放量	吨/万元	定量，负向指标	0.017
		C3	单位工业增加值 COD 排放量	吨/万元	定量，负向指标	0.022
		C4	废水排放达标率	%	定量，正向指标	0.034
		C5	工业固体废物综合利用率	%	定量，正向指标	0.081
	（B2）资源利用指数	C6	单位工业增加值新鲜水耗	吨/万元	定量，负向指标	0.049
		C7	工业用水重复利用率	%	定量，正向指标	0.011
		C8	单位工业增加值综合能耗	吨/万元	定量，负向指标	0.056
		C9	园区单位面积工业产值	%	定量，正向指标	0.037
	（B3）环境改善潜力	C10	环保投资占 GDP 比重	%	定量，正向指标	0.106
	（B4）经济绩效指数	C11	人均工业增加值	人/万元	定量，正向指标	0.049
		C12	工业增加值年均增长率	%	定量，正向指标	0.147
	（B5）科技发展指数	C13	科技进步对 GDP 贡献率	%	定量，正向指标	0.034
		C14	科技成果转化率	%	定量，正向指标	0.102
	（B6）风险抵御指数	C15	产品种类多样化水平	—	定性	0.018
		C16	原材料可替代性	—	定性	0.018
	（B7）企业协同指数	C17	企业间互补性	—	定性	0.074
	（B8）社会协同指数	C18	周边社区对园区的满意度	%	定量，正向指标	0.030
		C19	职工对生态工业的认知率	%	定量，正向指标	0.015
	（B9）管理协同指数	C20	实施生产全过程环境管理	—	定性	0.058

(4) 可视化子系统。

产业园区、企业的布局与生态化程度的展示是可视化设计的核心。在数据分析上，清楚展现系统涉及产业园区数据、企业数据、产品数据、关系数据等多源复杂数据，重点展现产品的生态属性，其维度有生态效率、生态服务和生态占用等，查看的视角主要是宏观和关联。在色彩分析上，除了要考虑产品的属性和企业的属性外，还要考虑展示的平台，即大屏幕的特点，例如面积巨大、深色背景、不可操作、空间局限等，着重考虑蓝色、浅蓝、红、黄、绿等常用于生态系统的颜色。结合三维投影、增强现实、虚拟现实等技术，在大屏幕的前方投影整个产业园的三维场景，大屏幕中将三维虚拟场景和操作者的操作进行虚实结合。

用于实现系统核心功能的产业生态布局分析模型是系统最重要的关键技术，产业生态布局全生命周期数据的采集、如何利用产业生态学、环境科学、信息科学等交叉学科理论构建产业生态布局分析模型是技术难点。

产业生态布局是典型的复杂大系统，拥有众多的数据来源，早已不单单是对客观环境的求解，而是集合了物联网、云计算、数据挖掘技术、数据融合等技术的大数据综合分析体系，是一个集合多种智能算法的多角度，多层次的数据处理过程。

大数据的可视化技术与集成技术，包括数据分析过程和结果的可视化显示、历史数据的可视化查看、空间流、信息流展示、区域产业生态布局数据的可视化呈现等。基于北斗、GIS、云计算、物联网、大数据、网络通信技术、软件工程技术等的集成应用。

在传统产业生态学、经济学和环境科学基础上，通过多学科融合（信息科学、经济学、环境科学等学科融合）、多技术集成（大数据、云计算、物联网、北斗、GIS等技术集成）、多功能一体（管理、决策、交互、可视等功能一体），从大数据、云计算等信息科学理论方法视角分析产业生态系统构建与布局问题，建立产业－环境协同模型，科学、系统、精准、智能地解决产业活动与资源环境之间的冲突，是我们技术方法的创新追求，以期实现用大数据驱动产业生态布局决策、产业生态流程设计、产品资源循环利用和产业生态管理等应用，具有创新性、精准性和智能化。

案例3 稻田高效立体化养殖模式

稻田立体化生态养殖是以水田为基础，种植水稻为核心，辅养小龙虾、蟹等水产品为特点的生态养殖，是实现水稻与水生动物共生共长的一种生态养殖模式。该生态养殖模式将原有的种植业与养殖业有机结合起来，充分利用人工营造的生态系统，使其发挥各自的作用，达到一种互作共生的生态效益。

彭泽县自然环境优越，具有发展生态农业的有利条件。彭泽县水运便捷，生物资源丰富，生态旅游前景光明。彭泽县适宜发展以保护生态环境为基础、以无公害绿色食品为突破口、以沼气为纽带的生态农业。建设一批无公害、绿色食品、有机食品生产基地，进一步推广各类生态经济模式及节水农业模式，同时又注重观光生态农业的发展，发展生态农业公园、生态农庄、生态观光村等。彭泽县于2015年开始推行稻－虾－蟹共作养殖模式，该基地面积达1万亩，其中大闸蟹养殖区4 600亩，稻－蟹共作区500亩，稻－虾综合种养区5 000亩。该种养殖模式可亩产有机稻800斤，大闸蟹300斤，龙虾300斤，实现了"一地两用、一水两养、一季双收、一田两品"的目标，真正达到了稳粮增收的效果。

1. 常见立体循环养殖模式

（1）鱼－桑－鸡模式。

该模式主要以蚕桑业、种植业、养殖业为核心的丘陵山地立体复合循环农业经济模式，可有效缓解该地区水、土地资源短缺问题。

该模式主要是池塘内养鱼，塘四周种桑树，桑园内养鸡。鱼池淤泥及鸡粪作桑树肥料，蚕蛹及桑叶喂鸡，蚕粪喂鱼，使桑、鱼、鸡形成良好的生态循环。

（2）兔－蚯蚓－鸡（猪）循环养殖。

该模式主要是以秸秆为纽带的农业循环经济模式，即围绕秸秆饲料、燃料、基料化综合利用，构建"秸秆—基料—食用菌"、"秸秆—成型燃料—

燃料—农户""秸秆—青贮饲料—养殖业"产业链,可实现秸秆资源化逐级利用和污染物零排放,使秸秆废弃物资源得到合理有效利用,解决秸秆任意丢弃焚烧等带来的环境污染和资源浪费问题,同时获得清洁能源、有机肥料和生物基料。

兔子养殖过程中产生的粪便经过厌氧发酵处理后,一部分兔粪饲养蚯蚓,蚯蚓长成后用来饲养土鸡;一部分经过发酵后用来饲养土猪。成兔屠宰后,兔皮经过鞣制加工成裘皮服装直接销售,兔肉加工成各种真空包装的休闲小食品,兔肉分割后的下脚料经过粉碎后"速冻"加工成饲料用来喂养狐狸和肉狗。猪粪、蚯蚓粪便、鸡粪及狐狸、狗的粪便经过加工制成有机肥。

(3)家畜－沼气－食用菌－蚯蚓－鸡－猪－鱼模式。

该模式主要应用畜禽粪便沼气工程技术、畜禽粪便高温好氧堆肥技术,配套设施农业生产技术、畜禽标准化生态养殖技术、特色林果种植技术,构建"畜禽粪便—沼气工程—燃料—农户""畜禽粪便—沼气工程—沼渣、沼液—果(菜)""畜禽粪便—有机肥—果(菜)"产业链。

家畜粪便和饲料残渣制沼气或培养食用菌,食用菌下脚料繁殖蚯蚓,蚯蚓喂鸡,鸡粪发酵后喂猪,猪粪发酵后喂鱼,沼气渣和猪粪养蚯蚓,将残留物养鱼或作肥料。

(4)家畜－蝇蛆－鸡－猪－牛－鱼模式。

该模式主要是利用家畜的粪便人工养蝇蛆,蝇蛆是鸡的高蛋白质饲料,鸡粪再生处理后喂猪,猪粪经发酵后喂牛,牛粪喂鱼,鱼塘淤泥作农作物的肥料。

(5)牛－蘑菇－蚯蚓－鸡－猪－鱼模式。

该模式主要利用野草、稻草或牧草喂牛,牛粪作蘑菇培养料,用蘑菇收后的下脚料培养蚯蚓,用蚯蚓喂鸡,鸡粪发酵处理后喂猪,猪粪发酵后养鱼,养鱼塘泥作肥料。

2. 稻田高效立体养殖模式机理分析

(1)稻－虾－蟹立体养殖生态系统结构。

稻田中养殖的河虾、蟹均为甲壳纲十足目水生动物,食性很杂,广泛摄食水草、螺、贝类、水生昆虫及其幼虫、谷类、薯类、饼渣类和屠宰场的动物下脚料。河虾蟹虽喜食动物性饵料，但是在食物的比重上，却往往以植物性食物为主。从河虾、蟹的生物学特性可知，稻田养殖河虾、蟹后，生态系统的结构和功能会发生很大的变化。稻-虾蟹立体养殖生态系统的结构如图6-8所示。

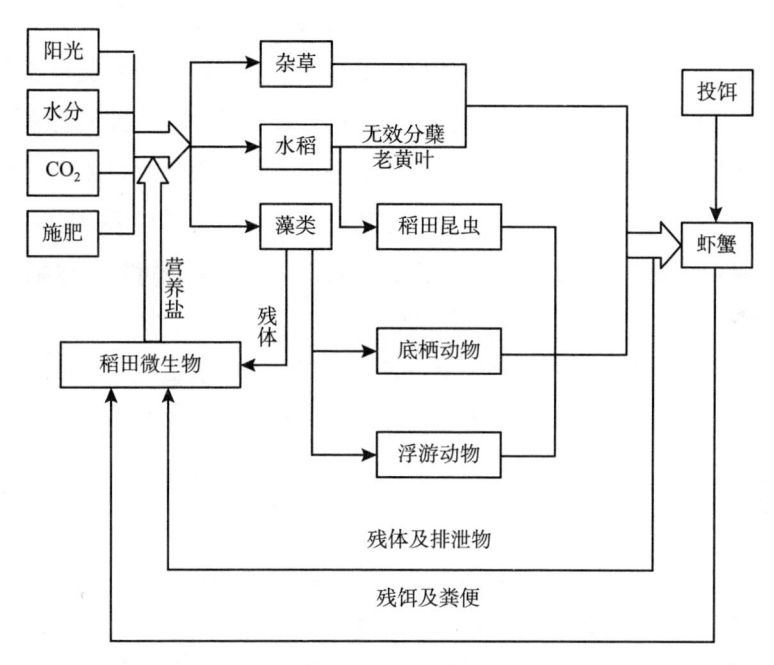

图6-8　稻-虾蟹立体养殖生态系统结构简图

（2）食物链理论在稻田虾蟹养殖中的应用。

从图6-8可以看出，在稻-虾-蟹生态系统中，食物链的结构要比单作稻田复杂得多。按照经典的食物链理论，食物链越复杂，系统就越稳定，在高度依赖于人工调控的单一稻作生态系统中，食物链非常简单，层次单一，自我调控能力低，稳定性差，是一个比较脆弱的系统。稻田引入虾蟹后，物流能流途径增多，食物链比较复杂。由于人工控制了虾蟹的天敌，河蟹在稻田中处于整个食物链网的顶端，成为物质和能量转化的枢纽，对整个系统起着良好的自然调控作用，能提高系统的自我维持能力，形成了一个物质循环高效，能量流动畅通的立体种植、养殖一体化的生态农业体系。

(3) 互利共生理论在稻田-虾蟹养殖中的应用。

稻、虾、蟹之间存在着明显的互利共生关系。首先,养虾、蟹需要人工投饵、残饵及河蟹的排泄物为水稻生长提供了丰富的营养。河蟹对稻田生物的摄食,把被食生物体内的物质和能量截留利用起来,增加土壤的养分含量,提高土壤的肥力。其次,稻田养蟹具有给土壤增温、增氧的作用。虾蟹在稻田觅食、爬行、翻动土壤,使上、下水层充分对流混合,加快了大气复氧的速度。同时,由于虾蟹吃掉了稻田杂草和水下植物,增加了透光性,使得水体和土壤的温度升高。土壤温度与氧气含量的增加,会提高土壤的氧化还原电位,加快土壤有机质的分解,使潜在养分的有效化能力加强,土壤的供肥能力发生了质的变化。第三,河蟹活动可以促进水稻根部的通透性,改善稻田的通气条件,有利于水稻的生长。第四,稻田养蟹可以为水稻清除杂草和害虫。

稻田养虾蟹也有利于虾蟹的生长发育,稻田为虾蟹提供了良好的栖息环境和觅食场所。稻田水较浅,透光性强,营养盐含量高,藻类繁殖快,藻类的光合作用释放大量氧气,提高了稻田水体的溶解氧浓度。而且,稻田为虾蟹提供了杂草、浮游生物、底栖生物和水生昆虫等饵料,人工控制虾蟹的天敌提高了虾蟹的成活率,稻田水质比较清洁,虾蟹发病率低,再加上人工投饵,使稻田中虾蟹的生长发育比自然水体更快。

稻田养蟹具有改土、培肥、减少污染、生产绿色食品的作用。经监测表明,稻蟹双作一年,喂蟹剩余的残饵、河蟹粪便,可增加土壤的有机质含量0.05%~0.26%。河蟹可以吃掉稻田中的杂草,减少病虫害的发生.据调查水稻纹枯病的发病率可由单作稻的4.4%减少到0.8%左右。同时,由于河蟹的觅食、爬行,又松动了土壤,增加了水中溶解氧和土壤含氧量。蟹田大米更是深受用户欢迎的绿色食品,其经济效益是单作稻的3~5倍。因此,稻田养蟹是一个很好的高效立体生态种养模式,值得大面积推广。

3. 稻田生态养殖模式的成效

(1) 自然资源得到有效利用。

稻田立体化生态养殖是土地资源和水资源的再利用过程,通过稻田立体综合开发，经改造的稻田沟涵蓄养水源、保水功能增强，为各类水生动物提供了良好的生活空间和丰富的饵料生物，以满足其正常生长，从而达到"一水两用，一地双收"的良好效果，有效地解决了渔业养殖面积不断缩减的问题，为渔业生产提供了宜渔资源，实现了自然资源的有效利用。

（2）涵养生态环境，修复生物多样性。

一是稻田中套养的水生动物，通过水生动物对杂草、昆虫等水生生物摄食利用，可以减少害虫、杂草等对水稻的危害，稻田不再施用农药，有效减少农药对生态环境的污染；二是稻田中水生动物的活动能疏松土壤，促进土壤肥力的释放，同时其代谢产物作为优质有机肥被稻田土壤吸收，提高了稻田土壤肥力，利于水稻生长，改善和修复了稻田土壤肥力的退化，降低因大量使用化肥对环境产生的不良影响。此外据农户反映，实施稻田立体化生态养殖后，稻田周围环境明显改善，生物种类不断增多，如水稻虫害的天敌——蜘蛛、青蛙及沟涵中野生鱼虾数量比单一种植水稻的稻田明显增加。由此说明稻田立体化生态养殖对于对涵养生态环境、修复生物多样性具有重要的作用。

（3）保障农产品安全、增加效益。

在稻田立体化生态养殖模式下生产的农产品更安全、更健康，其绿色环保的特点有效地带动了经济效益的增加。目前，该县现代农业示范园重点核心区——太泊湖，总规划面积3.5万亩，已建成螃蟹养殖、特种水产和稻虾共作三大基地，开发面积2.5万亩。通过农业综合开发高标准建设的4.2万亩农田，已被打造成集中连片的现代农业示范园区，成为虾蟹稻综合种养的"生态天堂"，百亩以上养殖户115户，虾蟹年产量达3 000吨。园区以"农业园区化、园区景区化、农游一体化"为目标，大力推广"稻虾共作""稻蟹共作"模式，规划发展生态种植、农业观光等业态，科学布局了综合服务、生态种养、休闲观光和农产品精深加工4个功能区，提供"产加销一条龙，农工贸一体化"服务，延长产业链、价值链，努力实现一二三产融合发展，良性互动。2015年引进了九江凯瑞生态农业开发有限公司，落户于太泊湖现代农业示范园核心区。该公司投资建设1.5万亩鄱阳湖大闸蟹和小龙虾稻田综合种养基地，全部建成后，年销售收入可达1.4亿元，提供就业岗位 2 000 余个，带动周边农户收入翻番。仅 2016 年，当地就有 600 余户农民与凯瑞公司签订合同，成立了 4 家专业合作社，通过土地入股等形式，和凯瑞公司共同建设贮藏保鲜冷库、虾蟹加工厂、饲料生产厂等①。

综上所述，稻田立体化生态养殖具有资源消耗低、环境污染少、产品质量高、经济效益好的优势，实现了资源与环境、质量与效益的协调统一，充分发挥了生态合理性、经济高效性、资源循环性特点，对于改造传统农业、发展低碳生态农业、促进农业经济增长和社会和谐发展具有重要的意义。

4. 彭泽县适应稻田生态养殖模式的生态条件

彭泽县位于江西省最北部，长江中下游，九江市东北角上。总面积 1 544 平方公里，人口 38 万。介于北纬 29°35′~30°06′，东经 116°22′~116°53′之间。素有"七省扼塞""赣北大门"之称。县境东邻安徽省东至县，南抵本省鄱阳、都昌县毗邻，西连本省湖口县，北与安徽省宿松、望江县隔江相望。东西最宽处约 48 公里，南北最长处约 57 公里。地势南高北低，由东南逐渐向西北倾斜，东南为山区，中部为丘陵，西北为沿江冲积洲和滨湖平原。全县地貌概括为"五山二水两分田，一分道路和庄园"。彭泽属中亚带与北亚带的过渡带，湿润季风气候，年平均气温 14~17℃之间，最冷为 1 月，平均气温 3~4℃，最热为 7 月，平均气温为 28~29℃。年无霜期平均为 247 天，年平均日照为 2 048.6 小时，年平均雾日在 16 天以下。气候温和，四季分明，雨量充沛，日照充足，霜期较短，适宜于亚热带作物的正常生长。

彭泽县水域、洲滩、平原、岗地、丘陵、山地等组成了完善的水陆相生态系统，有着发展立体农业的优势：第一，水域，进行大水面综合开发，坚持养殖和捕捞相结合，以养殖渔业为主，多种经营，主要发展特色水产养殖，根据不同的水体生态环境，采取不同的养殖模式；第二，洲滩，地势较低处退田还湖发展淡水养殖，地势较高处，因地制宜，稻、草、菜轮作，同时发展农田防护林；第三，平原，重点发展粮食，棉花等大宗农产品基地并

---

① 彭泽力推农业综合开发带动现代农业发展纪实 http://www.pengze.gov.cn/News_View.asp? NewsID = 33773.

建设防护林基地，与此配套，发展农产品加工业；第四，岗地、丘陵，采取农林牧综合发展模式，大力植树造林、种草种花，固定水土，重点发展林果业和农牧业；第五，山地，采取林业主导发展模式，以林业为主，实行林、果、茶、竹、药综合开发，同时发展相关产业，如竹器加工、食品加工、药材加工。

5. 彭泽县稻田生态养殖模式的成功经验

稻田立体化生态养殖的发展在宝坻区取得了显著成效，为推动低碳生态农业的发展树立了良好典范。其经验主要在于：

（1）领导重视，政策扶持。

一是县委、县政府立足本县的资源优势，以打造本县湿地农业为战略目标，把发展稻田立体化生态养殖作为农业结构战略性调整的重点，认真规划，精心组织实施，鼓励农民推陈出新，打破传统的农业生产模式，合理利用自然资源，实现效益最大化。二是广泛借助新闻媒体的宣传，扩大影响力。市、县电视台定期对稻田立体化生态养殖情况进行报道，提高广大农户认知度，扩大影响范围，营造良好的发展氛围，推动稻田立体生态养殖的不断发展。三是协调各相关单位，出台相关的优惠政策，在基础工程改造、优质苗种引进、种养殖技术和生产资金等方面给予很大扶持，为稻田立体化生态养殖的发展奠定坚实基础。

（2）依靠机制创新，提高产业化经营水平。

通过土地流转、股份合作、土地协商调整等多种形式，按照因地制宜和群众自愿的原则，通过股份合作等多种形式，积极发展稻渔养殖专业合作经济组织，把分散的农户组织起来，进行统一规划管理，不断扩大生产经营规模，促进稻田立体化生态养殖向产业化，规模化方向发展。专业合作组织通过与实力强大的集团公司强强联合，发展订单农业，建立"龙头企业＋专业合作组织＋农户"三级联动的经营模式，降低农业经营风险，锁定未来利润，为稻田立体化生态养殖的发展起到积极的推动作用。

（3）强化服务，为稻田立体化生态养殖提供技术支撑。

一是彭泽县多次组织技术人员到稻田立体化生态养殖发展较好的地区考

察学习，结合市场调研及彭泽县的自然气候、环境进行养殖品种的筛选、引进。二是组织经验丰富的技术人员对众多农户进行技术培训，同时分派专业技术人员在稻区进行蹲点，为农户提供基础工程改造、稻秧扦插、水生动物苗种放养、稻田水质调控、病害防治等相关服务，指导农户提高养殖管理技术水平，为稻田立体化生态养殖的发展提供强有力的技术支撑。

6. 彭泽县稻田立体化生态养殖存在问题与建议

（1）稻田自然资源利用率低，应加快开发速度。

从彭泽县拥有的稻田资源和现有的稻田综合利用率来看，稻田资源丰富，综合利用率极低，远远低于100%的稻田综合利用率，资源浪费现象严重。稻田立体化生态养殖具有节能降耗、高效生态的优势，是创新农业生产模式，发展低碳生态农业的一个方向，因此建议政府部门立足大农业发展，积极制定相关的产业引导政策，组织相关职能部门（农业、渔业、水利部门等），制定切实可行的实施方案，把稻田立体化生态养殖作为农业增收、农民增效、改善生态、节能减排的重点工作来抓，落实具体措施，抓好实施工作，充分开发利用现有的资源，实现资源利用及经济效益的共赢。

（2）基础功能薄弱，应加大建设投入，使之适应稻田立体化生态养殖的发展需要。

调研中发现，稻区的水利设施基本建于十几年前的荒改稻时期，多年没有维修，渠道淤积老化，进排水功能减弱，部分已经无法使用；大部分闸涵、桥梁、道路损坏，电力设施急需增容改造；此外本地区没有与稻田立体种养形成种源配套的苗种繁育基地，导致优质苗种短缺，外购苗种成本高，潜在病害风险。上述问题的存在很大程度上阻碍了稻田立体化生态养殖的进一步发展，因此建议相关部门整合现有的资源，加大资金、技术投入，重新规划改造稻区农田水利基础设施，建立与稻田立体化生态养殖相配套的苗种繁育基地，加强相关技术的研究、示范与推广，为稻田立体化生态养殖的发展创造良好的基础条件。

案例 4 立体化畜禽养殖模式

都昌位于江西省北部，拥有鄱阳湖 1/3 的水域，当地经济主要以农业、水产养殖为主。畜禽养殖业是我国农业和农村经济的重要组成部分，也是造成我国农村面源污染的主要原因之一。近年来，随着经济的发展和人民生活水平的提高，人们对畜禽产品如肉、蛋、奶等的需求量逐渐增加，以及我国农业结构的调整和农业产业化的推进，使畜禽养殖业由传统的农作物生产的副业转化为规模化、集约化的养殖业。在解决了畜产品供应和带动农村经济发展的同时，也带来了日益严重的环境污染问题。由于畜禽的粪便和污水排放量剧增，加之农业上由传统的使用有机肥转向大量使用化学肥料，畜禽粪便利用率低。在合理发展规模养殖、调整养殖结构与布局的同时治理养殖污染，已成为制约畜牧业可持续发展的关键所在，也成为人们普遍关注的社会问题。根据 2012 年 2 月 9 日，环境保护部、国家统计局、农业部联合发布的《第一次全国污染普查公报》显示，农业源普查对象共 2 899 638 个，其中畜禽养殖业就有 1 963 624 个，占比 68%。可见畜禽养殖业规模之大。而与此同时畜禽养殖业迅猛发展，在带来经济效益的同时也带来了严重的环境污染，成为我国农村源污染的主要来源和水体富营养化的重要原因。《第一次全国污染普查公报》中畜禽养殖业排放的 COD 和氨氮量分别为 1 268.26 万吨和 71.37 万吨，占农业源 COD 和氨氮排放量的 95.8% 和 78.1%，占全国 COD 和氨氮排放量的 41.9% 和 41.5%。畜禽养殖场每天排放的畜禽养殖废水量大、集中。主要由尿液、饲料残渣、夹杂粪便及圈舍冲洗水组成，其中绝大部分为冲洗水及尿液。畜禽养殖废水含有大量危害环境的污染物，包括大量有机污染物以及 N、P 等水体富营养化物质；铁、锌、锰、碘等矿物元素；铜、砷、汞、硒等重金属物质；抗生素、抗氧化剂、激素等兽药残留物。畜禽养殖行业产生的废水是典型的高浓度的有机废水，CODcr、氨氮、SS、总磷等污染物浓度都比较高。畜禽养殖污染已成为继工业污染、生活污染之后的第三大污染源，成为我国农村污染的主要原因之一。

江西是个农业大省，我们九江地区畜禽养殖更是较为广泛。基于前些年养猪沼液废水污染环境问题，该县近几年重点打造了"猪－沼－农"等模式，拓展立体化畜禽养殖模式，起到较好的效果。

一、立体化畜禽养殖模式

"猪－沼－农"等立体化畜禽养殖模式是以农户为生产主体，以种植业为基础，以养殖业为主干，以沼气为纽带，利用沼气为人们提供燃气和照明，利用发酵残余物种植水果、蔬菜，开展沼气、沼液、沼渣的综合利用。"猪－沼－农"生态农业模式不仅使畜禽养殖环境得到了改善，而且带动了地方经济的发展和农村人口就业，产生较好的生态与经济效益。

二、立体化畜禽养殖模式关键技术及机理分析

1. 自然处理法

自然处理法净化机理主要过程包括截留、过滤、吸附、沉淀、化学和生物氧化分解、生物吸收等。其原理包括：分层多级截留、储藏、利用和营养物质转化机制、结构与功能协调原则、生态系统中物种共生以及物质循环再生等。主要处理模式有生物氧化塘、人工湿地和土地处理等自然处理系统，这类自然处理系统虽然经济但其在自然条件和空间方面都有较高的要求，所以主要适用于气温较高，土地宽广，有滩涂、荒地、林地或低洼地的经济欠发达地区。自然处理模式中处理系统简单，投资较省，工艺简单，动力消耗少，运行和管理费用低，污泥量少，可回收能源 CH_4。但同时也存在一些缺点：土地占用量较大；出来效果稳定性差，其净化功能易受季节温度变化的影响；建于地下的厌氧系统出泥困难，且维修不便；有污染地下水的可能。

2. 物理化学法

物理化学法一般净化过程是首先通过物理法对污水进行过滤、沉淀、固

液分离等去除养殖污物中的不溶性或机械杂质，然后再通过投加化学药剂，将污水中的溶解物质、胶体物体和悬浮物质沉淀除去，实现污水净化的方法。

物理化学法处理畜禽养殖废水过程中吹脱是将空气通入废水中，使空气与废水充分接触，废水中的溶解气体或挥发性溶质穿过气液界面，向气相转移，从而达到脱除污染物的目的。吸附是物质（主要是固体物质）表面吸住周围介质（液体或气体）中的分子或离子现象。电化学水处理技术是使畜禽污染物在电极上发生直接电化学反应或间接电化学转化，进而使得污染物在电极上直接被氧化或还原而从废水中去除。高级氧化技术是以产生具有强氧化能力的羟基自由基（·OH）为特点，在高温高压、电、声、光辐照、催化剂等反应条件下，使大分子难降解有机物氧化成低毒或无毒的小分子物质。而膜分离技术是在分子水平上不同粒径分子的混合物在通过半透膜时，实现选择性得分离。

3. 生物化学法

生物化学法主要分为好氧处理、厌氧处理以及厌氧好氧组合处理法。好氧处理法是利用好氧微生物（包括兼性微生物）在有氧气存在的条件下进行生物代谢从而降解有机物，使其稳定、无害化的处理方法。该方法主要有活性污泥法、生物转盘、生物滤池、生物接触氧化、序批式活性污泥、A/O以及氧化沟等。厌氧处理法则是利用兼性厌氧菌和专性厌氧菌将污水中大分子有机物降解为低分子化合物，进而转化为甲烷、二氧化碳的有机污水处理方法，是畜禽废水处理中比较成熟的工艺。虽然采用厌氧生物法能直接处理高浓度畜禽废水，并具有明显优势，但其处理后出水中污染物浓度仍然较高，尤其是NH_4^+-N去除率很低。而好氧工艺直接处理高浓度畜禽废水其效果明显，但其能耗高，运行费用昂贵。因此相对于单一的厌氧或者好氧工艺，厌氧和好氧的生化组合工艺体现出更加明显的优势，具有抗冲击负荷能力强、效率高、污泥量少、无臭味产生等优点。而且厌氧和好氧组合工艺是在畜禽废水处理方面，公认最经济的方法。

目前，在我国大部分规模化畜禽养殖场都普遍采用厌氧－好氧组合工艺处理养殖场废水。如SBR工艺，其原理是在一个构筑物中完成生物降解和污泥沉淀两种作用，不仅减少了一般传统工艺中的二沉池和污泥回流设施，而且又实现了脱氮除磷，是厌氧—好氧工艺组合比较常用的一种工艺SBR组合工艺主要有两种，一种是将厌氧控制在水解阶段，后接SBR工艺；另一种是厌氧反应器后接SBR工艺，如"CSTR+SBR"工艺。两种组合工艺都均有各自的利弊，其中水解处理相对厌氧处理，能显著缩短整个工艺处理时间和提高处理效率，而厌氧处理相对于水解处理具有较高的处理负荷。随着技术的进步，近年来出现了许多新型生物反应器，如AOS（厌氧区－好氧区－沉淀区）污水处理系统，其采用了一体化设置，不仅占地面积少、投资成本低，而且在实际现场运行后，出水质量能够达到直接排河标准。国外也有类似的工艺组合，污染物处理系统由厌氧处理单元和间歇曝气单元组成，间歇曝气单元用来处理未处理过的液体肥和厌氧处理过的浓缩肥。这种组合处理系统不仅减少了能耗成本，而且再利用和处理了废水，减少了环境质量的恶化。

4. 微藻资源化综合处理技术

大多数藻类营养要求简单，并能利用废水中氮、磷等营养物质合成复杂的藻类细胞，且具有富集金属的能力，由于其生长速度快，代谢迅速，吸附作用快而净化效率高。藻类在光照的条件下，为了自身生长的需要消耗水中的N和P，同时利用碳源，通过藻类细胞中叶绿素的光合作用合成自身所需的细胞物质，完成细胞增殖并且在这个过程中释放出氧。

畜禽养殖废水中最重要也是最难去除的污染物质是NH_4-N，而藻类可以用大量的有机氮化合物和无机氮化合物作为氮源来合成氨基酸。藻类对的去除NH_4-N有两方面的机理：一是利用氨氮中氮源来合成氨基酸，二是由于藻类光合作用消耗水中二氧化碳和产氧气使pH值升高，从而使氨氮变成氨气释放到空气中。藻类氨氮的去除代表总氮的降低，而异养微生物除氨氮对比于藻类，其在污泥龄较短的条件下，对的同化吸收较少，大部分氨氮只是被转化为硝基氮和亚硝基氮，虽然水中的氨氮得以去除，但总氮去除效果仍然较差。水体中溶解的各形态磷均不同程度地促进藻类的生长。藻类对磷酸盐的去除主要有两个方面：一是在有氧的条件下，直接被藻细胞吸收，并通过水平磷酸化、氧化磷酸化和光合磷酸化途径转化成 ATP、磷脂等有机物；二是藻类生长导致 pH 值的增加，碱性环境使溶解性磷酸盐和水中的钙离子形成羟基磷酸钙沉淀再被藻类吸附。因此，藻类细胞可以用来去除污水中富集的氮、磷等营养物质，并以有机物的形式将其储存在藻细胞中。

此外，藻类可吸收重金属。藻类有细胞壁分层，外层主要由纤维素、果胶质、藻酸鞍岩藻多糖和聚半乳糖硫酸酯等多层微纤丝组成的多孔结构，内层主要成分是纤维素。其细胞结构和生理上的特征为其免受重金属毒害提供屏蔽，同时为其在处理畜禽废水中重金属提供了条件。目前，对藻类吸收可溶性金属的动力学研究认为，藻细胞对金属的吸收过程主要两个类型的机理一种是被动吸收，又叫生物吸附，满足吸附解吸的动态平衡，是富集的主要途径，不需任何代谢过程和能量提供，速度快，不受光、温度或者代谢抑制物的影响，主要以金属离代替细胞壁上的一价和二价离子或者与细胞壁上官能团结合，其细胞壁结构及离子种类决定了富集的效率与选择性。同时死亡藻体也具吸附能力，因为其功能基团活性并未丧失。另一种是主动吸收，速度较慢，不可逆。在藻类生长代谢过程中，金属离子会累积在细胞表面，然后与其质膜上的某些酶如膜转移酶、水解酶等结合，从而被细胞主动运输至细胞内积累。这两种机制在藻类处理废水中可同时起作用，它们的相对重要性是依据藻种类、培养条件、金属的化学性质等因素共同决定。具体来说，生物吸附受、藻种及培养时间、与金属离子的接触时间、离子浓度、竞争离子、培养基等条件的影响。

三、存在的问题及优化对策

当前，自然处理法、物理化学法、生物化学法及藻类资源化综合处理技术对畜禽养殖废水的处理已取得一定进展，但除了很少部分被实际应用且取得很好的效益，部分研究技术手段仍然处于实验阶段，在实用化应用上还有许多问题有待研究。如处理量较少、难达到良好的固液分离、周期较长、污水往往需要预处理、处理经济成本高等问题。除了这些处理技术外，应加强分子生物学与环境科学研究领域的交流与合作，利用转基因工程培育高富集、修复效率高、运行费用低的新型微生物或藻类，开发高效、可规模化运转的生物反应器以及污水净化系统与其他污水处理工艺相结合的综合系统工艺。

在畜牧养殖过程中产生的大量粪便以及农作物收割产生的有机废弃物由于产量大、分布广、成分复杂等特点，造成的严重环境污染问题也早已引起了政府有关部门的高度重视。为防治畜禽养殖业的环境污染，保护生态环境，促进畜禽养殖污染防治技术进步，国家制定了《中华人民共和国环境保护法》《中华人民共和国水污染防治法》《中华人民共和国固体废物污染防治法》《中华人民共和国大气污染防治法》《中华人民共和国畜牧法》等相关法律。这些技术政策适用于中华人民共和国境内畜禽养殖业防治环境污染，可作为编制畜禽养殖污染防治规划、环境影响评价报告和最佳可行技术指南、工程技术规范及相关标准等的依据，指导畜禽养殖污染防治技术的开发、推广和应用。畜禽养殖污染防治应遵循发展循环经济、低碳经济、生态农业与资源化综合利用的总体发展战略，促进畜禽养殖业向集约化、规模化发展，重视畜禽养殖的温室气体减排，逐步提高畜禽养殖污染防治技术水平，因地制宜地开展综合整治。国内外已开发出多种禽养殖废水处理技术，对这些技术进行分析和总结，对于推动国畜禽养殖废水处理技术的进步非常重要。

养猪业的快速发展导致养猪废水的大量产生，给地区生态环境和居民健康带来了严重危害，实现养猪废水的无害化、资源化和减量化处理是保证产业可持续发展的基础。基于微藻培养的污水处理技术的出现，为同时实现养猪废水的无害化处理、资源化利用和降低微藻培养成本提供了可能，它将水质净化与高价值生物质生产相耦合，实现污水处理由处理工艺向生产工艺转变，所获得的微藻生物质可以用作生产生物柴油的原料，给养猪场创造经济效益，保障养猪场的可持续发展。

第七章

九江生态文明建设优化对策

第一节 九江生态文明建设实践的主要经验

九江通过强化生态制度引领、立体化生态治理、发展绿色产业、厚植生态优势、健全体制机制，坚持标本兼治、联防联控、综合施策、系统推进，突出生态文明建设的实效性，提升环境承载力。其主要经验总结如下：

1. 强化生态制度引领

围绕水生态文明建设、环境整治、大气污染防治等方面，先后出台了《九江市水权试点工作方案》《九江市水污染防治工作方案》《九江市黑臭水体整治方案》《九江市城乡环境综合整治实施意见》《九江市贯彻落实省环境保护督察组督察反馈意见整改方案》《九江市全面整治矿产资源开发秩序实施方案》《九江市大气污染防治行动计划实施方案》及工业企业大气污染集中整治等六个专项实施方案和《九江市大气污染防治考核办法（试行）》。自2015年九江市获批地方立法权以来，先后制定并发布了《九江市城区烟花爆竹燃放管理条例》《九江市城市市容管理条例》；并正在着手制订《九江市城市湖泊保护条例》。为九江生态文明建设实践提供了政策依据和制度保障。

2. 立体化生态治理

一是探索区域联防联控。长江沿线24个城市在九江签署了《长江沿线城市市长共识》，形成治理和发展上的合力；与南昌市和湖北黄冈市签订了大气联防联控协议，同时启动了区域大气污染环境监测工程。二是实施了"净空、净水、净土"行动。"蓝天保卫战"全面打响，推进重点行业治污，综合整治城市扬尘，对九江市城区空气质量实行预报制度，全市空气环境质量取得了明显改善。加强水源地水质监测能力建设，强化城市黑臭水体治理，环鄱阳湖11个建制镇的污水处理设施项目均在建设之中。推进农村生活垃圾整治，加强对固体废物（含危险废物）检查、调查及反馈力度。

3. 厚植生态优势

注重生态建养，扎实做好依山傍水、显山露水的文章，初步摸索出了一条"绿水青山转变成金山银山"的新路子。一是加强了绿色屏障建设。实施了城市"绿肺"工程、园区生态宜业工程、乡村生态富民工程。用生态理念指导森林城市创建工作，着力构建九江特有的"城在林中、水在城边、路在绿中、房在园中、人在景中"的城市森林景观，达到"树有高度、林有厚度、绿有浓度、花开四季、四季有景"的绿色效果。按建生态园区的要求，引导企业投入资金，对园区进行绿化美化改造，按照四季有绿和乔、灌、草结合的要求，实行全方位的绿化、美化，着力打造宜业园林化生态工业园区。将新农村绿化与生态建设、产业发展相结合，采取村庄绕绿、见缝插绿、庭院培绿等措施，实施宜林则林、宜茶则茶、宜花则花、宜果则果，建成了一批油茶、花卉苗木、黄栀子药材、早熟梨等生态富民产业基地。

4. 发展绿色产业

以"绿色+"理念引领生态经济发展的新模式，逐步探索构建九江绿色产业体系。一是实施"新工业十年行动"，通过集聚集群、技改扩能、并购重组、跨界融合，促进传统企业转型升级。二设立工业发展基金和绿色产业发展基金，培育新兴产业，重点用于支持企业技改扩能、园区发展循环经济、新兴产业做大做强。三是延伸农业产业链条，优化农业生产布局，大力推进特色果蔬、花卉苗木、茶叶、油茶等特色产业的绿色化、标准化、品牌化发展，打造了修水万亩宁红茶示范园区、都昌万亩鄱湖三宝农业科技示范园、共青城国家农业产业化示范基地等一批现代农业示范园区和特色农产品基地。四是大力发展了现代服务业。全力拓展全域旅游，注重加强"大庐山、环庐山、泛庐山"建设，不断培育旅游新业态，唱响"庐山天下悠"品牌，打造新工业新动能的绿色"后花园"。创建服务业聚集区和龙头企业，在快消品、农副产品、医疗和电商四个领域，重点推动标准化托盘共用体系、绿色物流体系、信息服务体系、城市配送体系、区域物流服务特色体系共五大体系建设。

5. 健全体制机制

九江对照中央生态文明体制改革任务，结合九江实际，提出了六大制度体系的基本框架，即构建山水林田湖草系统保护与综合治理制度体系、构建最严格的环境保护与监管体系、构建促进绿色产业发展的制度体系、构建环境治理和生态保护市场体系、构建绿色共享共治制度体系、构建全过程的生态文明绩效考核和责任追究制度体系。实施生态红线保护制度，出台《开发区节约集约利用土地考核办法》；完善自然资源产权制度，启动水流、森林、山岭、荒地、滩涂等自然生态空间统一确权登记试点工作；健全空间管控制度，瑞昌市率先启动编制省域空间规划，湖口县率先启动省级"多规合一"试点；深入实施主体功能区规划，推动重点生态功能区全面实行产业准入"负面清单"制度。出台《九江市开展领导干部自然资源资产离任审计试点工作的工作方案》，建立领导干部自然资源资产离任审计制度；将生态文明建设纳入到各县（市、区、山）科学发展综合考核评价体系，并不断加大生态建设考评的分值。九江对生态文明建设工作任务提出定期督查调度、建立台账销号制度的工作要求，实现任务项目化、项目清单化、清单责任化。

第二节 九江生态文明建设实践过程中存在的主要问题

当前,九江生态文明建设有其发展阶段性、空间特质性、人员复杂性等综合背景。虽然围绕生态建设、环境保护、转型发展等方面已经取得了较好成效,但也逐渐显现出一些深层次问题。

1. 生态文明理解不全面

在一些群体中不同程度存在着"生态文明等于生态建设""清洁生产等于清洁卫生"的问题。生态文明应包括国民经济与社会发展的各种活动,是以生态学理念为指导,促进人类活动与生态环境协调,实现区域可持续发展。

2. 生态经济化路径低端化

只有生态资源优势转化为经济增长优势,才能推动生态文明在各个领域实现和谐、持续、健康发展。目前九江生态文明实践中,将生态资源优势转化为经济发展优势的主要途径就是生态旅游、农业产品、矿产开发等,都属于价值链低端化、碎片化开发。

3. 产业组织无序化

九江市是江西省参与国家长江经济带战略的桥头堡和前沿阵地,产业经济在快速发展,其中化工产业占有很大比重。目前由于园区多且分布在各县区,招商无序竞争,引进了一些资源消耗大、污染较重、科技含量低的企业,造成的资源环境压力和不可持续发展日益严峻。九江区域产业集聚度比较低,产业配套程度滞后。

4. 生态管理体制机制不完善

一是行政管理多头交叉。从生态文明建设角度来看,森林、湖泊、湿地、土地、空气等都是区域生态文明体系的重要组成部分,但在行政管理过程中这些却又隶属于不同的行政部门，甚至同一类资源还拆分在几个不同部分管辖。如湖泊本身作为一个完整的生态系统，但作为生态系统的重要组成部分的水、鱼、岸却分属在不同的管理部分。这种多头交叉模式一定程度上造成了生态文明管理、资源配置及资金等要素保障上的混乱和不协调。二是生态空间板块化。生态空间具有其自然规律，相互交错、互相影响，是开放性的。而县级行政空间则与生态空间不一样，是封闭性、单一性的。两者之间不可能完全重叠。在实际生态保护过程中，容易形成抢资源、推责任的现象。正在大力推行的"河长制"就是消除大河流域生态系统碎片化管理的有效途径。

第三节 九江生态文明建设优化对策研究

1. 提高发展的顶层设计水平，走区域产业生态化路径

前述研究显示，九江市工业主导地位逐年增强。2016年，九江市第二产业增加值为1 088.9亿元，占GDP的51.9%；全市1 430户规模以上工业企业实现主营业务收入5 487.49亿元。2016年，九江市共实现工业税收159.1亿元，占财政收入的比重为38.3%；石油化工、现代轻纺、钢铁有色、装备制造、电力新能源五大主导产业共实现税收收入115.4亿元。工业领域的生态文明建设在九江生态文明建设中具有重要意义。尤其是九江已经形成一定规模的工业基础，区域产业生态化是提升生态文明建设水平的核心环节。计划和市场是实现区域产业生态化的重要手段，尤其是在九江当前工业发展阶段，做好顶层设计的计划功能更为重要。

（1）规划九江地区产业共生体系框架。"十三五"时期是加快转变经济发展方式的攻坚时期，也是促进工业转型升级的关键时期。依据产业共生体设计，制定产业优化和承接产业转移导向目录、限制和转移与产业共生匹配或不匹配产品目录，明确提出主导产业发展方向。鼓励在九江地区优先发展高新技术产业、出口导向产业和现代服务业，引导发展资源消耗少、环境破

坏小、附加值高、产业带动性强的产业，严格限制资源消耗多、环境污染大、工艺落后、附加值低、技术含量小的产业发展。合理调整区域产业布局和产业承接范围，支持主导产业建设及相关配套能力，促进具有产业链紧密关系的各类行业及的集聚，形成资源高效循环利用的产业链。作为传统工业比重较大的九江地区，加快自身现代技术改造和合理承接产业转移，能有效避免重复建设，有利于优化产业结构、改变增长方式、提高企业的效益和竞争力。

(2) 构建产业共生技术支撑体系。目前九江地区企业多数处于产业金字塔底层，从事着低端的加工制造业，产业链前端研发人才明显缺乏。为实现有效的产业共生，建立技术支撑体系十分必要。一应建立政产学研联动创新机制。只有形成政府扶持引导；产业和企业提出实际需求；高校及研究所利用人才集聚优势，加速产业更替过程中成果转化，形成持续创新系统。二要建立关键技术领域研发平台。针对区域内企业与企业之间、园区与园区之间、产业与产业之间的建立共生关系的结合部，需要建立若干个技术研发平台，以突破产业共生所需要的关键技术、核心技术和技术集成。

(3) 推进区域产业共生信息化平台建设。搭建完善的园区信息平台，其中包括园区企业的生产信息、市场发展信息、技术信息和产品及副产品、废弃物信息等。这不仅有利于政府掌握园区的发展动态，更便于企业间的相互合作和园区物质、能量在园区内、周围区域及区域间的流动和交换，提高园区资源利用率，减少污染物排放，促进园区的持续发展。充分发挥产业共生过程中企业的主体地位和市场的基础配置作用，促进区域内各企业间物质流、能量流、信息流按共生发展的模式运行。

(4) 落实"飞地经济"模式，最大限度发挥地缘和政策两个优势。通过建立"飞地经济"模式，实现两地资源互补、经济协调发展，实现互利共赢的持续或跨越发展还需要建立可操作的工作流程，切实建立起规划、建设、管理和税收分配等区域经济合作机制，实现跨空间的行政管理和经济开发，最大限度发挥地缘和政策两个优势。

(5) 建立区域内产品、副产品及废弃物流动的激励和约束机制。建立九江区域内产品、副产品及废弃物内部流动的激励和约束机制，为区域内企业形成产业共生提供内生动力。规范集群内企业的行为，对于上下游企业副产品交换量，一方面由下游企业的需求量决定，一方面由上游企业的供应能力的决定。通过"企业内—企业间—产业间"产业共生关联企业废弃物循环利用的关系分析，建立产业共生系统中企业之间废弃物循环利用平台，保障共生企业上下游之间供需动态平衡。

2. 重新认识"靠山吃山"

以前提及"靠山吃山"总是想到伐木为薪、狩猎当食、开山取矿。然而生态资源优势是九江市生态文明建设的基础，武宁县境内森林覆盖率高达72.1%，做好"靠山吃山"这篇文章，促进生态优势向发展优势转化，既是生态保护的必然需要，也是经济发展的有效路径。

（1）培育县域特色生态资源及其产业链。契合市场需求，利用生态环境优势，科学规划并培育一批特色生态资源县，融合生态产品及其深加工、电子商务、生态休闲、生态创意，建立特色产业链。

（2）探索县域生态资本市场化运营模式。生态资本运营即为把资源生态环境作为资本要素来进行系统运营。建立具有市场思维的生态资本运营模式，使生态资源优势科学演化为经济发展优势。一是优化布局，建立生态红线管控制度，保护和稳定公益类生态资源，建立商品类生态资源培育和可持续经营机制。二是健全自然生态资产产权制度和用途管制制度，对水流、森林、山岭、荒地、滩涂等自然生态空间进行确权，构建产权清晰、权责明确、监管有效的管理体系，根据资源稀缺程度、市场供求关系等因素引导生态资本价格体系，建立生态资产市场化运营模式。三是建立林业等生态资源社会化服务中介组织，发展专业合作社、股份林场等新型经营主体，提高专业化水平。四是按"谁使用，谁付费，谁保护，谁收益"原则，逐步推行排污权交易、水权交易制度，充分发挥市场的调节作用，提高社会参与生态文明建设的积极性和主动性。

（3）建立"占—补—护"一体的生态修复制度。优化和加强现有的土地资源等领域的占补平衡制度，建立"占—补—护"一体的生态修复制度。比如建立林木资源的"用林—植树—养林"一体化循环发展模式，合理发展林木木材种植、经济林培育、竹藤花卉、木竹加工、人造板制造、林产化工、木浆造纸、森林旅游等相关产业，以产养林，促进林木质量提升，以林促产，以优质原木林浆提高企业行业竞争力，形成良性产业循环。

3. 注重生态文化养成教育

生态文化养成是全社会共同参与和监督生态保护的基础。在公务员、企业家、社会公众中积极培育生态文化、生态道德，提高全民生态文明意识，形成生态自觉，使生态文明成为社会主流价值观。

（1）要深度挖掘九江市特色生态文化素材，立足县情、乡情、村情，建立本土特色、耳熟能详、脍炙人口的文化形式。通过挖掘本土生态文化内涵和开发多样化生态文化产品，增强全社会认同感。引导人民群众树立正确的生态伦理道德观，大力培育生态文明理念，形成全社会崇尚生态文明的新风尚。

（2）要把生态文明教育纳入党政领导干部培训体系。将生态文明教育纳入各级党校、行政学院教学计划和党政干部培训体系中，公务员任职培训应当安排生态文明理念、知识、环保法律法规等方面的教育内容。把生态文明建设作为党政领导班子和主要领导干部实绩考核的重要内容。

（3）要在国民教育体系中开设形式多样的生态文明文化教育课程。充分发挥群团组织及志愿者的积极作用，组织好相关的主题宣传活动；充分发挥新闻媒体作用，加强资源环境国情省情宣传，通过普及生态文明法律法规、科学知识等，引导全社会增强生态文明意识。

（4）培育绿色生活方式。引导公众树立勤俭节约的消费理念，鼓励消费者购买和使用节能环保低碳产品，加快形成简约适度、绿色低碳、文明健康的消费方式；倡导低碳出行、健康出行、文明出行，倡导绿色生活行动，全方位开展反食品浪费行动；严格限制发展高耗能、高耗水服务业。

（5）建立公众参与制度。完善公众参与制度，保障公众知情权，维护公众环境权益。健全举报、听证、舆论和公众监督等制度，构建全民参与的社会行动体系；建立环境公益诉讼制度，健全生态保护全面参与机制；在建设项目立项、实施、后评价等环节，有序增强公众参与程度；引导生态文明建设领域各类社会组织健康有序发展，发挥民间组织和志愿者的积极作用。

4. 建立生态保护差别化推进机制

按照自然和经济规律的要求实施差别化制度，是提高生态保护针对性、有效性的必然选择。差别化生态管理制度主要在于"四分"，即分型管理、分区管理、分时管理、分类引导。

（1）分型管理是根据森林、河流、湿地等不同的生态资源类型，依据生态系统完整性，建立生态资源综合管理专委会。生态资源建设、保护、开发、管理涉及多个政府部门，甚至多个地区，是系统工程。顶层设计和整体规划是县域生态文明建设的关键，要通过生态资源综合管理专委会建立跨部门、跨区域的权责一致、分工合理、执行顺畅、协调有序的管理机制。一是依据县域生态资源和依托产业发展特点，建立跨部门的专业委员会，主要负责生态资源及其产业链发展的全过程，协调生态建设和资源开发的动态平衡关系。二是根据生态资源地理特征及其生态系统完整性，建立跨区域的专业委员会，主要负责生态资源保护和开发的整体性。

（2）分区管理是根据县域自然地理要素和产业发展特点的地域分异性建立差别化管理机制。一是根据不同流域环境条件下自我调节功能、反馈机制、演化规律、对外界干扰的响应程度等不同，形成的环境自净能力及生态承载力不同。二是全流域可持续发展的影响因区位和经济水平等差异，导致生态服务价值和生态环境保护及建设的优先序有所不同，一般遵循先支流后干流、先上游后下游、先源头后末端的次序。

（3）分时管理是根据水资源的季节性变化和污染物排放特点，分时段进行有针对性的管理。一是在流域尺度上，由于水资源径流量的季节性变化明显，环境管理部门应测算出区域范围内较大流域在不同水文条件下的环境承载力，为分时控污提供理论支撑。二是社会经济的不同发展阶段和目的对水环境的需求层次均不同，合理划分水资源用途，建立阶梯利用、合理控污机制。

（4）分类引导主要是依据地理区位特征、生态环境特质、产业发展特点建立分类引导评价制度，其目的就是要给基层干部松绑，让基层能够培育发展优势产业，摒弃高耗能高污染发展老路。一是要充分发挥考核的指挥棒作用，按照主体功能区规划和县域发展定位，按高新产业、特色产业、生态旅游度、生态农业、商务文化等区划，建立干部分类考核机制。二是综合运用经济、行政等手段，特别是财政投入的导向作用，引导各地根据主体功能区在发展上各有侧重，在产业上有所取舍，建立差别化产业引导机制。三是要按照"受益者补偿"原则，完善生态补偿制度和资源有偿使用制度，探索建立与生态保护挂钩的激励型财政转移支付机制。四是健全生态保护管理体制，建立山林河田一体化统筹的生态系统保护修复和污染防治区域联动机制。

参考文献

[1] 拜燕: 中国经济发展与生态环境协调关系研究 [D]. 吉林大学硕士学位论文, 2011.

[2] 蔡平, 经济发展与生态环境的协调发展研究 [D]. 新疆大学, 2004.

[3] 陈蕊, 高怀友, 傅学起, 等. 畜禽养殖废水处理技术的研究与应用 [J]. 农业环境科学学报, 2006, 25 (增刊): 374-377.

[4] 陈胜东, 孔凡斌. 江西省生态文明建设评价体系研究: 指标体系和评价方法 [J]. 鄱阳湖学刊, 2015 (4): 39-52.

[5] 陈晓红, 周智玉. 关于生态城镇化理论与实践的若干思考 [J]. 湖南商学院学报, 2015 (2): 5-9.

[6] 邓良伟, 陈铬铭. IC 工艺处理猪场废水试验研究 [J]. 中国沼气, 2001, 19 (2): 12-15.

[7] 邓良伟. 规模化畜禽养殖废水处理技术现状探析 [J]. 中国生态农业学报, 2006, 14 (2): 23-26.

[8] 邓仕槐, 李远伟, 郑仁宏. 畜禽养殖废水的混合处理工艺1 [J]. 环境工程, 2006, 24 (4): 29-33.

[9] 邓伟良, 郑平, 陈子爱. Anarwia 工艺处理猪场废水节能效果的研究 [J]. 农业工程学报, 2006, 22 (12): 172-175.

[10] 邓香平, 吴永明, 万金保. 规模化畜禽养殖废水处理的新工艺研究 [J]. 江西能源, 2008, (3): 7-9.

[11] 丁涛, 成水平, 贺锋, 等. 基下复合垂直流人工湿地的循环水养殖系统净化养殖效能与参数优化 [J]. 农业工程学报, 2008, 24 (2): 188-

193.

[12] 董红丹, 陈晓红. 哈尔滨市生态文明评价指标体系的构建 [J]. 佳木斯大学学报 (自然科学版), 2016, 34 (2): 279-281.

[13] 杜宾、郑光辉、刘玉凤: 长江经济带经济与环境的协调发展研究 [J]. 华东经济管理, 2016 (6).

[14] 方丽: 贵州省经济发展与生态环境的协调路径探析安徽农业科学, 2012 (4).

[15] 关海玲, 江红芳. 城市生态文明发展水平的综合评价方法 [J]. 统计与决策, 2014 (15): 55-58.

[16] 何天祥, 廖杰, 魏晓. 城市生态文明综合评价指标体系的构建 [J]. 经济地理, 2011, 31 (11): 1897-1900.

[17] 侯晓虹, 张聪璐. 水资源利用与水环境保护工程 [J]. 中国建材工业出版社, 2015, (4): 218.

[18] 黄昶生, 张晨晨. 青岛市生态文明评价指标体系研究 [J]. 甘肃科学学报, 2014, 26 (5): 115-120.

[19] 贾晗, 吴若著, 黄靖. 生物法处理畜禽养殖污水的研究现状与展望 [J]. 水处理技术, 2008, 34 (7): 7-11.

[20] 蒋小平. 河南省生态文明评价指标体系的构建研究 [J]. 河南农业大学学报, 2008, 42 (1): 61-64.

[21]《九江市政府工作报告》, (2008~2016年).

[22] 冷庚, 但德忠. 畜禽废水处理技术及其应用进展 [J]. 四川环境, 2009, 28 (1): 68-71.

[23] 李清娟. 产业发展与城市化 [M]. 上海: 复旦大学出版社, 2003.

[24] 李涛浅. 析畜禽养殖业废水现状及治理技术 [J]. 科技资讯, 2013 (18): 146.

[25] 廖新俤, 骆世明. 人工湿地对猪场废水有机物处理效果的研究 [J]. 应用生态学报, 2002, 13 (1): 113-117.

[26] 林伟华, 蔡昌达. CSTR-SBR 工艺在畜禽废水处理中的应用 [J].

环境工程，2003，21（3）：13-15.

[27] 林伟华，蔡昌达. 厌氧-SBR 工艺处理畜禽废水 [J]. 中国给水排水，2003，19（5）：93-94.

[28] 龙用波，邓仕槐，朱春兰. 膜生物反应器 MBR 处理畜禽废水的效果研究 [J]. 农业环境科学学报，2007，26（增刊）：418-422.

[29] 卢风. 生态文明新论 [M]. 中国科学技术出版社，2013.

[30] 麻智辉. 鄱阳湖生态经济区生态工业园构建与发展研究 [J]. 鄱阳湖学刊，2009（2）.

[31] 齐心. 生态文明建设评价指标体系研究 [J]. 生态经济（中文版），2013（12）：182-186.

[32] 钱易，等. 生态文明十五讲 [M]. 科学出版社，2015.

[33] 宋炜，付永胜，王磊，等. ABR 处理猪场废水试验研究 [J]. 农业环境科学学报，2006，25（增刊）：172-175.

[34] 孙丽姗. 河南省生态文明评价指标体系构建研究 [J]. 河南财政税务高等专科学校学报，2015，29（12）：49-55.

[35] 汤明，等. 工业化与城镇化的协调发展联动机制探讨——以江西沿江区域为例 [J]. 华东经济管理，2014（8）：20-24.

[36] 汤明. 鄱阳湖典型区域水生态文明提升机制研究 [M]. 北京：经济科学出版社，2015.

[37] 王克科，赵颖，江传杰. 畜禽养殖废水处理方法 [J]. 养殖与饲料，2010，1（1）：97-99.

[38] 王磊，李宗林，乐科易. 新型高效 AOS 生物反应器处理畜牧场废水 [J]. 现代化工，1999，19（11）：16-19.

[39] 魏伟，雷莉：石羊河流域经济发展与生态环境协调度评价 [J]. 环境科学学报，2014（8）.

[40] 徐元莉. 贵阳市生态文明评价与实施路径研究 [D]. 浙江大学，2015.

[41] 张彬，严子春. 畜禽养殖废水处理技术研究进展 [J]. 广东化工，2013，40（21）：123.

[42] 张冬娜. 利用沸石去除养猪废水中氮磷营养元素的研究 [J]. 北京科技大学, 2007, 3 (1): 59 – 64.

[43] 张欢, 成金华. 湖北省生态文明评价指标体系与实证评价 [J]. 南京林业大学学报（人文社会科学版）, 2013, 13 (3): 44 – 53.

[44] 张梅. 丽水生态文明评价指标体系构建分析 [J]. 统计科学与实践, 2013 (2): 36 – 38.

[45] 赵庆良. 废水处理与资源化新工艺 [J]. 中国建筑工业出版社, 2006. 8.

[46] 朱广庆. 生态文明评价与指标体系构建与完善探讨 [C]. 环境与发展论坛. 2014.

[47] 朱玉利. 生态文明历史演进探析 [J]. 皖西学院学报, 2009, 25 (3): 16 – 18.

[48] Boto KG, Wellington JT. Nitrogen and phosphorus nutritional status of a northern Australian mangrove forest [J]. Mar Ecol Prog Ser, 1983, 11: 63 – 69.

[49] Clough BF, Boto KG, Attiwill PM. Mangrove and sewage: a reevaluation [A]. In: Teas H J (ed.). Biology and Ecology of Mangroves. Tasks for Vegetation Science Series Vol. 8 [C]. Dr W. Junk Publishers, Lancaster. 1983, 151 – 162.

[50] Harikishan S, Sung S. Cattle waste treatment and Class A biosolid production using temperature – pHased anaerobic digester [J]. Advances in Environmental Reaserch, 2003, 7: 701 – 706.

[51] Kern J, Idler C. Treatment of domestic and agricultural wastewater by reed bed systems. Ecolo Eng. 1999, 12 (1 – 2): 13 – 25.

[52] Ra C S, Lo K V, Shin JS, etal. Biological nutrient removal with an internal organic carbon source in piggery wastewater treatment [J]. Water Research, 2002, 34 (3): 965 – 973.

[53] Shin JH, Lee SM, Jung JY, etal. Enhanced COD and nitrogen removals for the treatment of swine wastewater by combining submerged membrane bioreactor (MBR) and anaerobic upflow bed filter (AUBF) reactor [J].

Process Biochmistry, 2005, 40 (12): 3769 -3776.

[54] Suzuki K, Tanaka Y, Kuroda K, et al. Recovery of pHospHorous from swine wastewater through crystallization [J]. Bioresource Technology, 2005, 96: 1544 -1550.

[55] Suzuki K, Tanaka Y, Osada T, et al. Removal of pHospHate. magnesium and calcium from swine wastewater through crystallization enhanced by aeration [J]. Water Research. 2002, 36: 2991 -2998.

[56] Yang PY, wang Z. Integrating an intermittent aerator in a swine wastewater treatment system for land - limited conditions [J]. Bioresource ttechnoiogy. 1999, 69: 191 -198.

附录

九江市生态文明评价指标体系——调研问卷

尊敬的领导:

您好!我们是九江学院鄱阳湖生态经济研究中心"生态文明建设九江实践"研究组研究人员。为了确定有九江市生态文明评价指标的权重(见附表1),我需要您提供宝贵的时间完成以下问卷。请您针对问卷中提到的两个指标的相对重要性加以比较:问卷采用1-9标度法,请在判定行、列两两指标相对重要性的基础上,根据1-9重要性相对标度打分,对角矩阵下排不用打分。数字标度的含义及说明见附表2。

附表1　　　　　　　九江市生态文明评价指标体系

目标层(A)	准则层(B)	指标层(C)	指标属性
九江生态文明	(B1) 生态环境指数	(C1) 城市污水处理率(%)	正指标
		(C2) 城市空气质量优良率(%)	正指标
		(C3) 城市建成区绿化覆盖率(%)	正指标
		(C4) 自然保护区面积占所辖面积的比例(%)	正指标
		(C5) 化肥使用强度(千克/公顷)	负指标
	(B2) 生态经济指数	(C6) 万元GDP能耗(吨标准煤/万元)	负指标
		(C7) 人均GDP(元/人)	正指标
		(C8) 工业固废综合利用率(%)	正指标
		(C9) 万元GDP水耗(吨/万元)	负指标
		(C10) 城镇居民年人均可支配收入(元/人)	正指标
		(C11) 服务业增加值占GDP的比重(%)	正指标
		(C12) 单位土地产出值(万元/平方公里)	正指标
		(C13) R&D经费支出占固定资产投资的比重(%)	正指标

续表

目标层（A）	准则层（B）	指标层（C）	指标属性
九江生态文明	（B3）生态文化指数	（C14）每万人拥有大学生数（人）	正指标
		（C15）每万人拥有医院床位数（张）	正指标
		（C16）每万人拥有医生数（人）	正指标
		（C17）每万人拥有图书馆藏书数（册）	正指标

附表2　　　　层次分析法两两比较相对重要性取值

重要性级别	含义	说明
1	同样重要	两因素比较，具有相同的重要性
3	稍微重要	两因素比较，一个因素比另一个稍微重要
5	明显重要	两因素比较，一个因素比另一个明显重要
7	非常重要	两因素比较，一个因素比另一个重要得多
9	极端重要	两因素比较，一个因素比另一个极端重要
2、4、6、8	—	上述相邻判断的中间值

（1）准则层B1、B2、B3指标相对于目标层A（九江生态文明）的重要性两两比较见附表3。

附表3　　　　B1、B2、B3指标比较

指标	（B1）生态环境指数	（B2）生态经济指数	（B3）生态文化指数
（B1）生态环境指数	1		
（B2）生态经济指数	—	1	
（B3）生态文化指数	—	—	1

（2）要素层C6～C13指标相对于目标层B1（生态环境指数）的重要性两两比较见附表4。

附表4　　　　　　C6~C13 相对于 B1 的指标比较

指标	城市污水处理率（C1）	城市空气质量优良率（C2）	城市建成区绿化覆盖率（C3）	自然保护区面积占所辖面积的比例（C4）	化肥使用强度（C5）
城市污水处理率（C1）	1				
城市空气质量优良率（C2）	—	1			
城市建成区绿化覆盖率（C3）	—	—	1		
自然保护区面积占所辖面积的比例（C4）	—	—	—	1	
化肥使用强度（C5）	—	—	—	—	1

（3）指标层 C6~C13 指标相对于目标层 B2（生态经济指数）的重要性两两比较见附表5。

附表5　　　　　　C6~C13 相对于 B2 的比较

指标	（C6）万元GDP能耗	（C7）人均GDP	（C8）工业固废综合利用率	（C9）万元GDP水耗	（C10）城镇居民年人均可支配收入	（C11）服务业增加值占GDP的比重	（C12）单位土地产出值	（C13）R&D经费支出占固定资产投资的比重
（C6）万元GDP能耗	1							
（C7）人均GDP	—	1						
（C8）工业固废综合利用率	—	—	1					
（C9）万元GDP水耗	—	—	—	1				
（C10）城镇居民年人均可支配收入	—	—	—	—	1			

— 182 —

续表

指标	（C6）万元GDP能耗	（C7）人均GDP	（C8）工业固废综合利用率	（C9）万元GDP水耗	（C10）城镇居民年人均可支配收入	（C11）服务业增加值占GDP的比重	（C12）单位土地产出值	（C13）R&D经费支出占固定资产投资的比重
（C11）服务业增加值占GDP的比重	—	—	—	—	—	1	—	—
（C12）单位土地产出值	—	—	—	—	—	—	1	—
（C13）R&D经费支出占固定资产投资的比重	—	—	—	—	—	—	—	1

（4）指标层 C14～C17 指标相对于目标层 B3（生态文化指数）的重要性两两比较见附表6。

附表6　　　　C14～C17 相对于 B3 的比较

指标	（C14）每万人拥有大学生数	（C15）每万人拥有医院床位数	（C16）每万人拥有医生数	（C17）每万人拥有图书馆藏书数
（C14）每万人拥有大学生数	1			
（C15）每万人拥有医院床位数	—	1		
（C16）每万人拥有医生数	—	—	1	
（C17）每万人拥有图书馆藏书数	—	—	—	1

致谢：非常感谢您抽出宝贵的时间给予本研究组的工作支持。在进行结题报告时，希望将您的贡献在结题报告中得以体现。

备注：

如果您对本次问卷调查以及指标体系的构建有何建议和意见，请予以指教：